ノマドと社畜

ポスト3・11の働き方を真剣に考える

谷本真由美

@May_Roma

朝日出版社

本書は２０１３年１月に弊社から刊行された電子書籍
『ノマドと社畜　～ポスト３・11の働き方を真剣に考える』を大幅に加筆したものです。

はじめに

2011年後半ぐらいから、日本では「ノマド」という言葉がテレビや雑誌をにぎわせています。ノマドには「場所にとらわれずに自由な働き方をする」「フリーランサーや個人事業主（自営業者）として、雇われずに働く」という2つの意味がありますが、日本の景気が悪くなり、世界情勢も不安定で先が見えない中、「従来の働き方から自由になり、自分を守る働き方をしたい」という人が増えているのが、ノマドブームの背景にあるようです。この動きは、特に2011年3月に起きた東日本大震災（3・11）の後に、生活や人生の価値観が激変してしまった若い人たちの間で顕著な気がします。

予想もしなかったあの大地震によって、ずっと続くと信じていた平穏な日常が簡単に崩壊してしまいました。原発事故が起こり、いつ大きな余震がくるか分からない中、電車が止まっているのにもかかわらず「はってでも出勤しろ」と命じる非情な会社。東日本全体が放射能に汚染されてしまうかもしれないのに、「異常はありません」と、壊れたおもちゃのように繰り返す政府。家族をこっそりと外国に逃がしていた政治家。国民が知りたいことを報道しない新聞やテレビやラジオ。物が消えたスーパーやコンビニ、ガソリンが消えたガソリンスタンド……。「食糧がなくなり、逃げられなくなるかもしれない」という恐怖。水が飲めなくなるかもしれない恐怖。

私は3・11の時にちょうど日本に帰省していて神奈川県の実家にいたのですが、テレビに映し出される光景や、戒厳令としか思えない停電や、交通機関が止まってしまっている状態に直面して、まるでSF映画の中に迷い込んでしまったような感覚がありました。家族でコタツの周りに集まり、パソコンなどを使って必死になってさまざまな情報を集めました。正直言って、もうダメかもしれない、と思ったほどです。

3・11は、過激な体験には慣れているはずの自分でも、大変な衝撃を受けた事件でした。戦争も大規模な災害も体験したことがない若い人たちは、どれだけの衝撃を受けたことでしょう。会社も、政府も、権威も、信じることができなくなるのは当たり前です。そうした若者たちが、自分の手で食べていくための道を模索して、その方法に興味を持つのは至極当然なことのように思えます。3・11後にノマドがブームになっている背景には、そういう若い人たちの心理が根本にあるのでしょう。

しかし、ノマドの現実は、メディアやノマドコンサルタントが伝えていることとは違います。そして現実を知らなければ、失敗します。私は仕事の実務でノマド的な働き方をする人をたくさん目にしてきましたので、「本当はこうだ」ということを、ツイッターやウェブニュースの記事で伝えてきました。若い人に失敗してほしくないのです。

本書では、これまで私が伝えてきたことを中心に、ノマドという働き方を含めて「これから私たちはどのように働いていくべきか?」ということについて、考えてみたいと思います。

contents

第3章 激烈な格差社会の到来

第4章 社畜とは何か？

第5章 競争社会を生き抜くために ―― 149

第1章

ノマドブームの正体とは?

ノマドという名の「自己啓発商法」

日本では、東日本大震災（3・11）が発生し、日本経済の先行きや福島第一原発の事故の影響を心配する人が増えた2011年後半辺りから「ノマドワーキング」や「フリーエージェント」がネットやメディアで話題に上ることが増えてきました。どちらも朝9時から夕方5時までオフィスで働くのではなく、ネットを駆使して、物理的空間や時間を気にせずに、他者の管理を受けることなく、本人の裁量に応じて「自由に働く」という意味があります。

日本のマスコミで取り上げられる「ノマドワーキング」では、インターネットで他人に物品やサービスを勧め、手数料を稼ぐ「アフィリエイト」、雑誌やネットに文章を書いたりして稼ぐ「文筆業」、さらに、ウェブサイトなどをデザインするウェブデザイナー、町の中古書店などから本やCDを購入し、それをネットで販売して利ざやを稼ぐ「セドリ（競取り）業」などが目立ちます。どれもネットが発達したために可能になったり、効率的に仕事ができるようになったりした、「見た目には新しい稼ぎ方」です。

これらは一見、魅力的な働き方のように思えます。しかし、ノマドワークの流れや実態というのは、日本のマスコミで騒がれている姿とはずいぶん違います。実はノマドは大変厳しい世界なのです。日本人の若者たちはノマドという働き方の本質と恐ろしさを十分に理解しないまま、「出勤しなくてもよい」「短期間で大金を稼ぐことができる」「なんだか最先端だ」「会社ではダメだったけど、ノマドワークなら自分も成功できる」など、うわべの格好良さだけに引かれ、ノマドワークが今の苦しい状況を抜け出す魔法の杖《つえ》であるように錯覚して、安易にブームに乗せられようとしています。

日本ではノマド（フリーランサーや個人事業者）向けの実践的なノウハウを、大学や政府が支援する機関などの、しっかりした組織が教える場が少ない半面、「ノマドになるノウハウを売る」という名目で若者をだまして、「ノマドになって有名人になった」「年収１０００万円を超えた」「あなたも世界中を飛び回るノマドワーカーになれる」という甘い文句で、書籍やセミナーで儲《もう》けようとする人たちがいるようです。ノマドブームは、ある意味で「デジタルな香りのする貧困ビジネス」になりつつあります。

こういうセミナーでは、「社畜脱出（脱サラ）しましょう」「ネットゲームをやりながら、大金持ちになりましょう」などとノマドを勧めながら、自社が販売する「ノマド用のデジタル機器」や、高価なノマドマニュアルを買わせたり、一回数万円もするノマドセミナーに勧誘したりするのが目的なのです。

また、セミナーの「客寄せパンダ」である名の知られた文筆家やテレビに出ている有名人、派手な宣伝で書籍を販売する「一見成功していそうなノマドワーカー」と直接会ったり話をしたいという人からは、一回数万円の会費を徴収して「相談会」を実施しています。それはまるで、バチカンでローマ法王に会うために何万円も払うサービスのようです。しかし、そのような「教祖様」と会ったからといって、「ネギを背負《しょ》ったカモ」である頭の弱い学生や会社員が、その日から個人事業者として稼ぐことができるようになるわけではないのです。

さらに、そうしたセミナーに参加したり、ニュースレターやメルマガを購読するようになった人、稼げる見通しもないのに本当にノマドワーカーになってしまった人には、自社が運営する共同賃貸住宅の**シェアハウス**への入居や、共同事務所の**コワーキ**

シェアハウス
一軒の家を複数の人と共有して暮らすシステム。キッチンやリビング、シャワーなどは共有し、部屋はひとりずつ個室を利用する。

コワーキングスペース
さまざまな業種、年齢の人々が集まり、事務所、会議室、打ち合わせスペースなどを共有しながら、働く場所のこと。

ングスペースを利用するよう勧めます。地方から上京してきて右も左も分からない人には、シェアハウスは便利かもしれませんが、実際はもっと安いアパートがあったりします。

そして、経験があまりない人には、「経験を積むためのインターンシップだから」と、無償労働を斡旋《あっせん》することもあるかもしれません。最近は「評価が人やモノの価値を決める」という評価経済の考え方が流行《はや》っていますが、このような考え方を悪用して「今は評価経済社会だから、君にはお金を払わないよ。その代わり評価しますから」と、無償労働を強いる場合もあるかもしれません。さらに、低賃金労働の斡旋もあり得ます。ここまでくると、立派な「貧困ビジネス」の成立です。私はこれを「ノマド商法」と呼びたいと思います。

要するにノマドブームは、世間知らずの学生さんや若者の中で、就職できない人や、就職することを不安に思っている人たちに、さまざまなモノやサービスを売る「自己啓発商法」の一種なのでしょう。夢を売っていると言えば聞こえはいいですが、一昔前に流行ったサラリーマン向けの起業セミナー商法と、何となく似ていないでしょうか。

経験のない若者が「カモ」に

「ノマド商法」は対象が若手のサラリーマンや学生だという点で、起業セミナーとは少々異なります。大人をだますのは難しいですから、社会経験の乏しい若い人をカモにするのです。このような商法に引っかかる人には、学歴の高い・低いは関係ありません。本来なら常識で考えたらオカシイと分かるはずなのですが、社会経験が少なく、家族や近所の人、親戚などとあまり交流がないような若い人の周囲には、「こんなことに興味があるんだけど」と相談する大人や人生経験豊富なお年寄りがいません。勉強はできて高学歴であっても、誠にばかげた「ノマド商法」に簡単にだまされています。若い人が化粧品や英会話教材などのキャッチセールス、高価な羽毛布団や洗剤、健康食品などの**ねずみ講**、新興宗教などにだまされて、お金をむしり取られてしまう構造とよく似ています。

少々前までは、インターネットで「ノマド」を検索すると、「電源のあるおしゃれなカフェ」「ノマド向けのおしゃれなカバン」「iPadとMacBook Airでノマド完璧」「セ

ねずみ講
会員をねずみ算式（幾何級数的）に増やすことにより、加入金額以上の金銭を得ようとする組織。日本では無限連鎖講の防止に関する法律により違法とされている。

ルフブランディング」「ソーシャルメディアだけで営業！」といったような、脳が溶けそうな甘いキャッチコピーが湧いてきました。ツイッターを見ていても、ノマドに関するあまりにも非現実的なつぶやきが少なくないので、驚いたことがあります。

「ノマド商法」のカモになる人は、こうしたつぶやきと同じように非現実的で「お勉強」はできるけれど、世間知らずで自信満々の、頭でっかちな人が多いのかもしれません。「お勉強」ができるからといって自分は頭がいいと思い込み、思い込みが激しいため、親や親戚、経験豊富な人の助言があったとしても聞かないのです。そうした若者たちが、ノマドセミナーという名の貧困ビジネスの餌食になるのです。

私はツイッターで「会ってください」と言われた、ノマド志望と称する学生さんに実際に会ったことがあります。この学生さんは、「ノマド商法」にはまってしまう人の典型例かもしれません。お父さんは比較的名前の知れた会社のサラリーマンでお母さんは主婦という、中流のサラリーマン家庭に育ち、公立の高校を経て、そこそこ有名な私立大学で文系の学問を専攻していました。大学にはほとんど行っておらず、彼が熱中しているのは、「ノマドになるための準備」や「アフィリエイトやブログを駆使したお金儲け」と旅行です。

私は普段ツイッターで「会ってほしい」と言われても、本業や執筆、家庭のことで多忙なので、ほとんど断ってしまうのですが、この学生さんに会ったころは、まだまだそういうお願いをしてくる人が少なかったので、「最近の学生さんはどんな感じなのかな?」と興味半分で会ってみたのです。また、「ノマド志望」というのも、ちょっと面白いと思いました。日ごろ仕事で個人事業者の人たちと接触することが多いので、「日本も独立心の強い若い人が増えてきたのかな。どんな子か会ってみよう」と、ワクワクしながら面会の場所に行きました。

ところがその学生さんは、会った初っ端《しょぱな》から延々と「ノマドワーク」の素晴らしさを私に語ります。「ソーシャルメディアさえあれば、営業は簡単です。なんて言うか、自分のイメージを作るんですよ、ネットで。すごく簡単ですよ。イメージを作ればお客さんなんて勝手に来るんです。お金なんて勝手に入ってきますよ」「アフィリエイトですごく儲かるんです」「僕、将来ノマドワークで有名な◯◯さんみたいに、メルマガで儲けて会社を作りたいと思っているから、今、脈がありそうな人に声をかけて

コーディング
プログラミング言語を使ってソフトウェアの設計図に当たるソースコードを作成すること。

いるんですよ。起業ってマジで簡単です」

さらに、その学生さん、「システムなんて作るのは簡単だ」と、楽観的なことを言っているので、「システムを作るにはまずインフラが必要だと思うのだけど、その設計とか運用のことは分かっている？　自分で設計はできるの？　**コーディング**はどのくらいできるの？　**要件定義**は？　自分でできないのなら、専門家を雇うのよね。そのお金はあるの？」と聞くと、「そういうのは、ネットで**ヤフー知恵袋**とかに聞けばいいいんですよ。そうすると、無料で教えてくれる人がたくさんいるんですよね。ネットって助け合いでしょう。親切な人が多いから平気なんですよ。ほら、僕ってソーシャルメディアで評価高いじゃないですか。評価経済ってやつですよ。だから、他人にすごく信用されてるんです」

この学生さん、ネットで自分の「イメージ」さえ良ければ、誰かが助けてくれて、専門家の知識や援助は無料だと思っているのです。また、メルマガで儲けたいと言っているわりには、本人が書いた文章は読むに堪えず、商業媒体で執筆した実績は一回もありません。そもそも、よくよく話を聞いてみると、ブログやアフィリエイトで稼

要件定義
システムやソフトウェアの開発において、顧客が望んでいる機能や仕様などの概略をまとめたもののこと。
ヤフー知恵袋
質問や回答を投稿してお互いの疑問や悩みを解決するQ&Aサイト。2011年に有名国立大学の入試でカンニングに利用されるという事件があった。

いでいるお金は月数万円にも満たず、本をちょっと買って、2、3回飲みに行けば消えてしまうような金額でした。「ノマドになるのなんて楽勝ですよ。会社にも行かなくていいし」と言いながら、彼はMacBook Airの電源を入れ、「あなたにだけですよ」と「機密のビジネスプラン」なるものを見せてくれました。そこは、街中にあるレストランで、「機密のビジネスプラン」は不特定多数の人に丸見えだったのですが。

さらに詳しく話を聞くと、この学生さんが所属する大学では、クラスやサークルの友達や知り合いの多くが、「ノマド商法」を行っている有名人のメルマガを購読しており、その人が推奨しているグッズは率先して購入し、その人物の勧めに従って、大学の授業を休んだり休学までして海外に旅行し、ネットで知り合った見ず知らずの人の家に泊まって、ブログの広告収入やアフィリエイトでお金を稼いでいるというのです。それも数人ではなく、どうもかなりの数に上るらしいのです。

サークル同士の交流やノマド勉強会、**シェアオフィス**などで出会った他大学の学生にも、そういう人がたくさんいるとのことでした。彼らが私の知っているITの職人や大学の研究者や医師などの「稼ぐノマドワーカー」のように、1日16時間働いた

シェアオフィス
複数の利用者が会議室や打ち合わせスペースなどのコワーキングスペース（p.14）を共有するオフィス。

り、週末などもコツコツ勉強する姿はとても想像できませんでした。

ノマドワーカーの「幻想」にとらわれているのは、何も学生さんだけではありません。ある会合で出会った別の20代の女性は、日本では誰もが知っている国立大学を卒業し、卒業後はある企業で会社員をやっています。仕事ぶりは真面目で、大変礼儀正しく常識もあり、実家で親御さんと同居しています。この女性も、「ノマド商法」をやっていると思われる有名人の本をすべてそろえ、ノマド関連の本を暗記するような調子で熱心に読み込んでいました。

「○○さんはノマドとして大成功しています。○○さんのやり方を真似すれば、私も世界中を飛び回るノマドになれると思うんですけど、私はまだ○○さんみたいにネットの知識はないし、受験英語はともかく英語も全然できません。でも、○○さんが誰でもできると言っているから、絶対に大丈夫だと思うんです。どの分野だと海外でノマドとして儲かりやすいか、教えてくださいませんか。海外に長いからご存じですよね？」と、お気に入りの「ノマド教祖」の本を片手に、かなり熱心な調子で語ってくれました。

私が「海外といっても、世界には200近い国があると思うのですが、それぞれの国によって需要のある仕事は違うと思うし、そもそも就労許可がないと、いくらフリーランスでも不法就労になってしまうと思いますよ」と言うと、「え、海外で働くには就労許可というものがいるんですか。ノマドには関係ないんでしょう？　だって、有名人の○○さんも海外で働いているじゃないですか。○○さんは不法就労なんですか？」と答えた後に、黙ってしまいました。

ノマドセミナーに行ってしまうような人は、学生さんであれば勉強にはまったく身が入っていない人でしょうし、会社員や公務員であれば、物事の背景をきちんと調べたり裏を取ったりしない「思慮に欠けた方」でしょう。常識的に考えれば「おかしいな」と分かることに簡単にだまされてしまうのですから、仕事がイマイチでしょう。なぜなら、ノマドになれるような能力のある人は、すでに自分で何かを始めているからです。能力のある会社員であれば、そんな詐欺まがいのセミナーに行く代わりに、専門技能や知識の習得にお金を使うはずです。

「クレクレ詐欺君」と「ノマド君」

私がネットを見ていて気がついたのは、ネットで質問ばかりして自分は何も貢献しない「クレクレ詐欺君」と、ノマドになりたいと言っている若い人の間には共通点がある、ということです。

自分で調べもせずに人に「教えてくれ、助けてくれ」と頼る人と、実態は単なる無職で技能も何もないノマド志望の若者は、どちらも主体性がないのです。「クレクレ詐欺君」は自分だけ得をすることを期待し、「ノマド君」は自分で技能を磨かず、営業もせず、仕事は天から降ってくると思い込んでいます。

彼らはどちらも、自分で努力したり、義務を果たさずに、自分だけ得をしたいと考えているフリーライダー（コストを負担せずに利益だけを受ける人）なのです。つまり簡単に言えば、「自分勝手でずるい人たち」なのです。

おそらくこういう人たちは、仮にノマドになったとしても、自分勝手ですから、締め切りを守らないでしょう。お客さんの要望を汲《く》み取らないため、早々に仕事を干されてしまうでしょう。フリーランスや個人事業者の実態を無視したノマドがブームになるということは、残念なことに、こういう自己中心的な若い人が増えている、ということなのかもしれません。

ノマドを分かっていない日本の有名人

ノマドについて考えるにあたり、私は日本のさまざまなブログや有名人のメールマガジンなどを読みました。多くの方が、アメリカなどで10年以上前に言われていたフリーエージェントに関するネタを使い回し、「これからはノマドだ。海外の働き方は、云々……」などと書いておられました。アメリカやイギリスでは、次章で詳しく述べる「フリーエージェント」という考え方がかなり以前からあり、すでに生活の一部になっているので目新しいことではありません。

また、この人たちが「ノマドになるためには……」と、紹介しているのは、「こんなパソコンを使いましょう」「喫茶店はどこそこに行くと、無料で使える電源があります」「かっこいい名刺を作りましょう」「セルフブランディングをやって、自分のイメージを作り上げましょう」など、ばかげたことばかりです。そんなことは仕事の本質ではありません。喫茶店の無料電源なんて、小学生だって探すことが可能です。こんなことを、アメリカやイギリスでフリーランサーになりたい人向けの書籍やガイドに書いたら、あまりの内容の薄さに非難が殺到するに決まっています。

さらに、こうした方々は自分の力で海外に住んだことがなく、外国語も一切分かりません。ノマド的な働き方の先進国である国の実態や、そうした国でノマド的な働き方が広がった背景をじっくり勉強していないのです。実体験が抜けているので、驚くほど内容が薄く、的外れであり、文化・歴史的背景、経済や国際政治などを勉強していないな、というのが文章の隅々から伝わってきます。

こうしたジャーナリストや有名ブロガーの方はまず、**大陸欧州**やイギリスの歴史や宗教観、契約社会の背景などを学んで欲しいものです。なぜ、北米や欧州でノマド的な働き方が増えてきたのか、なぜノマド的な働き方は可能なのか。行政はどんな支援をしているのか。どのような法律や税制上の控除があるのか。なぜ企業はノマド的な

大陸欧州
欧州のうち、イギリスやアイルランド、アイスランドなどの島国を除くヨーロッパ大陸の国々を指す。

働き手を雇うのか、どのようにしてフリーランサーや個人事業者を雇ってうまく管理ができるのかなどを、十分調べなくてはなりません。

そして、記事を書く前に自分自身が日本を出て外国の会社に雇われたり自分で起業したりして、日本人以外とみっちり仕事をしてみるべきです。そうしないと、日本との働き方の違いは、肌で分かりません。こうした方々の書いた薄っぺらな内容を、お金を払って読んだり聞いたりしている日本の人たちは何とかわいそうなのでしょう。こういう「詐欺」は、英語という「障壁《しょうへき》」のために外から情報が入ってこないからこそ成り立つのです。

メディアや広告関連の仕事は、実は少数派

日本でノマドワーカーについて書籍やブログ、ネットメディア、テレビ、講演会などで語っている有名人を眺めていてもうひとつ気になる点があります。それはノマドワーカーについて語っている人々の多くが、出版や放送などのいわゆる「メディア業

界」で仕事をしている人、もしくは人材コンサルティングや経営コンサルティングなどの「コンサルティング業界」の人であることです。

この人たちが語る内容の多くは、メディア業界で仕事するノマドワーカー（多くの場合、下請け、個人事業者、業者さん、フリーなどと呼ばれています）のことです。ところが、よく考えてみると分かりますが、こうした業界は日本の産業全体の規模で考えると実は少数派なのです。

例えば、ライターやデザイナー、コンサルタント、事業プランナー、広報の専門家、ネット広告専門家などの「ノマドワーカーが多くいそうな職種」が仕事をするメディアや広告の業界は、実は思った以上に規模の小さな業界です。メディアや広告、コンサルティング業というのは、「サービス業」に当たり、統計や社会調査では「第３次産業」に分類されます。

少し前の調査になりますが、総務省統計局の「平成16年サービス業基本調査」の「産業分類別事業所数」を見てみると、そのことが分かります。日本の産業全体でサービス業は「一般飲食店」が約42万事業所（事業所全体の19・7％）と最も多く、次いで「洗濯・

理容・美容・浴場業」がおよそ39万8000事業所（同18・7％）、「不動産賃貸業・管理業」が25万4000事業所（同12・0％）となっており、上位3分類で事業所全体の50・4％を占めています。広告業はたった0・5％、映像・音声・文字情報制作業はなんと、たったの0・2％です。一見ノマドに向いていそうな職業は、サービス業の中でも少数派であり、従事できる人の数も多くはありません。同じサービス業の中でも、例えば情報通信業の方が従事している人の数も仕事の需要も多いのです。

2013年1月にはアルジェリアでプラント建設大手、日揮の日本人従業員の方と、日揮に雇われた個人事業者や派遣社員の方がテロリストに誘拐され殺害されてしまう、という痛ましい**事件**がありました。注意深くニュースを見ていた方は、亡くなった方の中に、プラント関連の高度な技術を身につけて世界各国で個人事業主的な働き方をされている方がいたことに気づかれたかもしれません。日揮の業務はプラントの開発、設置、運営などであり、一見ノマドワークが多そうな広告やメディア業界とは産業分類が異なります。しかし、このような業界でも、ノマドワークの需要はあるのです。熟練した技術者が多くはないので、世界各地に仕事があるわけです。

総務省統計局“平成16年サービス業基本調査：産業分類別事業所数”
http://www.stat.go.jp/data/service/2004/kakuhou/gaiyou/z2.htm
経済産業省“平成22年特定サービス産業実態調査”
http://www.meti.go.jp/statistics/tyo/tokusabizi/result-2/h22/pdf/h22summary_00all.pdf

私が知っている限りでは、プラント業界以外にも、石油採掘事業、医療、情報通信、開発援助、森林開発、製造業、流通の世界で、プロジェクト管理、監査、税アドバイスなどでノマドワーカーが活躍しています。これらの業界は、顧客の守秘義務の扱いに厳しいですし、仕事が複雑なので熟練した専門家が必要とされます。また、石油採掘事業や医療の場合は、仕事のアウトプットが人命やその企業の莫大な利益に直結することがありますので、メディア業界とは仕事のやり方が異なります。

日本でノマドワークを語る人たちは、メディア業界やコンサルティング業界だけがノマドが活躍する場ではないことを十分説明する必要があるでしょう。

イギリスは「夢」ではなく「戦術」を教える

ちなみに、ノマドが日本よりも盛んなはずのイギリスや大陸欧州には、ノマドセミナーやノマドマニュアルのような「ノマドになるためのノウハウを売る」サービスはありません。

アルジェリア人質事件
2013年1月16日にアルジェリアのイナメナス付近の天然ガス精製プラントにおいて、イスラム系武装集団が引き起こした人質拘束事件。日本人10人を含む多くの犠牲者を出した。

セミナーはあっても、フリーランサーや自営業者が加盟する組合や政府、会計事務所等が主催する自営業者向けの税務セミナーなどであり、そのほかソーシャルメディアの使い方（これは日本のノマドセミナーでも教えているでしょう）、商品開発の方法、政府から補助金をもらう方法、マーケティングのやり方など、実際に役立つ「戦術」を教えるものです。

その内容はきわめて実務に沿った、大変地味なもので、あいまいな「夢」や「概念」を売るようなものはありません。講師は、長年自営業をやっている人や大学で経営学を教えている先生、会計士さんや税理士さんなど、実務に携わっている方々で、大学や公的機関で起業やその実務について体系的に教えています。

彼らは実務家ですから、セミナーが本業ではありません。政府や組合の依頼を受けて、業界を活性化させるために講師を務めているのであって、テレビや雑誌で派手に活躍し、自分の本やサービスを売るためにやっているわけではないのです。

特にイギリスは、不誠実なビジネスやずるい人には厳しい人が多い国ですから、そのような公益性の高いセミナーで「自分のサービスを売る」ことをしている人がいたら、消費者センターや主催している政府機関などに大変な量の苦情が届くことでしょう。

例えば、国際ビジュアルコミュニケーション協会（International Visual Communications Association）の「顧客に自分をどうやって売り込むか？」と題されたセミナー。💻これは、フリーランサーに対して「戦術」を教えるイベントで、同協会の重要な活動のひとつです。このようなセミナーは、ほとんどがウイークデーの夕方6時半過ぎに実施され、セミナー後にはお酒とスナック片手に会員同士が語り合う時間が設けられています。このセミナーの会費は、会員であれば90ポンド（1ポンド140円換算で1万2000円程度）ですが、政府が実施するものや他の組合のセミナーであれば無料のことがあります。イギリスでは、フリーランサーであっても会社員であっても、夕方5時とか6時には仕事を終える人が多いので、6時半という開催時間は決して早いものではありません。

また、イギリスも他の国と同じく大変景気が悪いため、政府は国を挙げて「個人事業主」になりたい人、起業したい人を応援しています。イギリス政府のサイトでは「ビ

💻 **International Visual Communications Association**
“Pitching - A Strategic Approach - Weds 25 April”
http://www.ivca.org/events/ivca-seminars/pitching--a-strategic-approach--weds-25-april.html

ジネスプランの書き方」「飲食業の始め方」など、起業したい人、独立したい人向けのガイドが懇切丁寧に掲載されています。💻

資金調達の面でも、イギリスは独立開業したい人や個人事業主になりたい人を応援しています。**クラウドファンディング**が日本でも注目を集めていますが、イギリスと大陸欧州ではスタートアップ（開業）向けのクラウドファンディングも人気です。イギリスでは、1993年にEnterprise Investment Scheme（EIS、企業投資スキーム）という制度が始まりました。年間100万ポンド（約1億4000万円）を上限に、投資家は30％の税控除を受けられます。投資したお金を3年間は動かせないという決まりはあるのですが、**キャピタルゲイン**に対する税控除もあるという、なかなか面白い制度です。💻

イギリスは、伝統的なように見える国ですが、実は革新を起こす人、冒険する人を応援するという「風土」がある国です。日本ほどではありませんが、実は「長いものには巻かれろ」的な雰囲気のある大陸欧州と比べると、独立、自由な気質を尊重します。

💻 **GOV.UK “Write a business plan”**
https://www.gov.uk/write-business-plan
💻 **HM Revenue & Customs “Enterprise Investment Scheme”**
http://www.hmrc.gov.uk/eis/index.htm

　また、お金の話が大好きなので、職人よりも商人大歓迎、という雰囲気があります。そのような文化的な土台があったからこそ、近代的な株式会社や保険会社の基礎が生まれ、まだ通信技術も保存食品の技術も発達していなかった時代に、ゾウリムシがわいて干からびたパンをかじり、ヌルヌルする水を飲みながらも、遠い遠い新大陸やアフリカに出かけ、現地の人に戦争を仕掛けて物を略奪したり、植民地を作ってしまったのでしょう。そんな遠くに船で行ったら、途中で沈没するかもしれないし、現地で謎の部族に遭遇して命を落とすかもしれません。相当な冒険心と博打《ばくち》心がなければ無理だったでしょう。

クラウドファンディング
ある目的や志などのために、ネットを通じて多数の支援者から資金を集める手法。
キャピタルゲイン
株式や土地など資産の価格の上昇によって得られる利益のこと。

第2章

世界を渡り歩くノマドたち

「遊牧民」的な働き方

ノマド（nomad）はもともとギリシャ語が起源の言葉で、「遊牧民」という意味です。他者の管理を受けることなく、さまざまな場所で、本人の裁量に応じて「自由に働く」ことから、定住地を持たない遊牧民のように、働く場所を自由に選択するという意味でこの名がつきました。

これはフランスの元高級官僚で経済学者、思想家、作家であり、「ヨーロッパ最高の知性」と称されるジャック・アタリの『21世紀の歴史――未来の人類から見た世界』という本で紹介された概念です。

ノマドは、会社員でありながら満員電車に揺られずに自由に出勤するという意味で使われる場合もあり、一方でフリーエージェントの場合は、自由裁量で働く自営業という意味合いが強くなります。

私が住むイギリスでも、近年注目を集める働き方になっています。イギリスでは不景気のために、企業は「好きな時に高度なスキルを持った人材を雇用したい」という

『21世紀の歴史――未来の人類から見た世界』
ジャック・アタリ［著］（作品社、2008年）
ソ連崩壊、金融バブル、新たなテロの脅威、インターネットによる世界変化を予測し、見事に的中させてきた経済学者・思想家・作家、ジャック・アタリの大ベストセラー。

意図があるため、正社員の代わりに柔軟な形で働いてくれるスキルの高い人材を求めています。

イギリスでは「ノマドワーキング」や「フリーエージェント」の代わりに、flexible workforce（柔軟な労働力）、freelancer（フリーランサー）、limited company contractor（有限会社の契約労働者＝従業員がいない有限会社の一人親方という意味合い）や self-employed（自営業者）などという身も蓋もない表現が使われますが、本書では基本的に、これらをひっくるめて「ノマド」と呼ぶことにします。

イギリスで増加するノマド

組合が大好きなイギリスには、ノマドの組合であるＦＣＳＡ（The Freelancer & Contractor Services Association）という団体があり、彼らに不利な法律があったり、年金問題が生じたりすると、国会や有力政治家に直接交渉をするという大変強力な団体です。

この団体によれば、現在イギリスではノマドの数が４００万人を超え、１９８０年代以来最大の数になっています。ちなみに2008年までの10年間の伸びはなんと20％に上ると推測されています。

以下は、FCSAのサイトでノマドについて記述されている部分です。

プロのフリーランサーたち（つまりノマド）は、1カ月から1年以上の短期契約で働き、非常に重要な役割を担っています。さまざまな産業において、追加の労働力が必要な場合があり、ITやエンジニアリングやクリエイティブ産業などでは、専門的な技能を持った人材が短期プロジェクトで必要なことが少なくありません。一方で、医療や教育産業などでは正社員が足りないことが多く、フリーランサーが人材の不足を埋めます。このような場合、正社員の雇用には時間がかかり、経済的な負担も大きいため、一時的な契約による雇用が解決策を提供してくれます。この方法は、企業にとっては費用対効果が高く、フリーランサーもまた割の良い報酬を得られるのです。

□ FCSA "About the Flexible Workforce"

□ FCSA "About the Flexible Workforce"
http://www.fcsa.org.uk/flexible-workforce/

ノマドの分かりやすいイメージは、包丁一本持って全国を渡り歩く板前や、カンナを持って渡り歩く大工さんたちです。彼らは会社に守られないため、プロ意識は非常に高いものがあります。腕が良ければどこでも仕事はありますし、多少遅刻しようが、口下手であろうが仕事の声はかかります。

イギリスは労働市場の自由化が日本より15年ぐらい進んでいますから、私が従事するＩＴ業界にはノマドが大勢います。その多くは高給取りで、ベテランの技術者です。彼らはぶっきらぼうで無口で、一見キモヌタ（気持ち悪いオタク）なのですが、高い技術を持っているため、プロとして稼いでいけるのです。

ノマドは高給取り

日本では個人事業者は「貧乏、不安定」で、企業に搾取《さくしゅ》されるかわいそうな人々というイメージが先行しがちです。非正規雇用の人には賃金の安い派遣労働者や契約社員、パートやアルバイトの人が多いためでしょう。しかし、イギリスでは事情が違います。彼らは誰にでもできる「付加価値の低い」労働を提供する人々ではなく、その多くが「専門家」であるからです。

例えば、前述したイギリスのフリーランサーの組合FCSAの会員は、専門性がかなり高い専門家が多く、64％がIT、14％がエンジニアリング、そして7％が会計や金融関連の仕事に従事しています。「付加価値の低い」単純労働やサービス業に従事する人々は、プロとしてのノマドではないのです。

このFCSA会員の平均年収は4万3556ポンド（1ポンド＝140円換算で約600万円）で、60％以上の会員が1年に6万1000ポンド（約850万円）稼ぎ、28％が8万5000ポンド（約1200万円）以上を稼いでいます。

現在は円がまだ強いので大した稼ぎには見えないかもしれませんが、イギリスの物価や生活水準を考えた場合、1ポンドは約180円に相当します。この「適正為替」で換算した場合、会員の平均年収は約780万円、60％以上が約1000万円、28％が約1500万円となります。

イギリスの平均年収は大体2万5000ポンドで、「適正為替」で換算すると約

４５０万円となります。日本の民間企業で働くサラリーマンや役員、パート従業員の平均年収は平成22年度で約４１２万円ですから、1ポンド＝約１８０円の「適正為替」は妥当だと分かります。💻

先に述べたように、私が普段仕事をしているロンドンのＩＴ業界には、数多くのノマドが働いています。その多くはプログラマーやプロジェクトマネージャーなど、大変高度なスキルを持った熟練技術者です。日本のＩＴ業界などでは管理者になって現場を離れていると思われる40〜50代のノマドが大勢いて、雇用者側である企業の管理職よりもはるかに高い給料を得ています。

例えば、比較的若い人が担当するアナリストレベルの仕事でも、日給は５００ポンド（1ポンド＝１４０円換算で7万円、1ポンド＝１８０円換算で9万円）ほどです。スキルを持った人が少ない分野ですと、1日で１０００ポンド（同14万円、18万円）稼ぎます。月20日働くと、月収３６０万円です。労働者と雇用者との直接契約で「中抜き」がないため、この金額が直接個人に入ります。

その一方で、技術がないノマドワーカーの賃金は安いものです。例えば、誰でもで

💻 年収ラボ“サラリーマン 平均年収の推移”
http://nensyu-labo.com/heikin_suii.htm

きるようなコールセンターの受付や、マニュアル化された業務やデータ入力などの場合は、時給10ポンド（1ポンド＝140円換算で1400円、180円換算で1800円）等の時給制です。交通費や年金などは自分持ちですので、これは決して良い待遇ではありません。

さらに、受付や営業補助、ルート営業など、専門性が低い職種などは月収20万に届きません。ノマドワーカーになるということは、スキルや専門性の高い人はどんどん稼げるようになり、そうでない人は低賃金で働かざるを得ない、という「激烈な格差社会」を意味するのです。

「柔軟な働き方」を求める人たち

なぜノマドの年収が高いかというと、仕事が不定期であること、成果が目に見える形で出てパフォーマンスが評価されやすいため、雇用者側である企業はいつでも契約を解除することができることなど「不安定要因」があるからです。それをカバーするためにノマドの給料は割高になっているわけです。

一方で、そのような専門家がフリーランサーを選ぶ理由は「ライフスタイルの選択」にあります。ＦＣＳＡ会員の41％が「仕事に柔軟性があるので、仕事と生活のバランスが取りやすい」、27％が「仕事を個人でコントロールできるから」と答えています。日本では、自営業者やフリーランサーになる人の多くが「上司に管理されたくない」からだそうですが、イギリスでもやはり管理を嫌う人が少なくありません。イギリス人は日本人の何倍も自立心があり、自分で何でも決めたい、という人が多いので、管理されるのが嫌で仕方ないのです。

またイギリスでは、会社員の間でも柔軟な働き方を好む人が増えています。大手携帯電話事業会社のボーダフォンが行った調査では、調査対象の75％の会社員は、柔軟な働き方で仕事の能率が上がるとしています。また、働く時間や場所に柔軟に対応することで、給料を上げるよりも従業員の定着率がよくなります。転職の条件に「柔軟な働き方」を挙げる人も増えています。お金よりも「生活の質」を重視する人が増えているのです。💻

💻 **inspiresme**
“Flexible working emerges as ‘trump card’ for employers seeking best talent”
http://www.inspiresme.co.uk/news/staff-and-hr/flexible-working-emerges-as--trump-card--for-emplo-010788/

ノマドはスキルベースで雇用されるので、性別も国籍も関係ありません。成果さえ出せば評価されます。ですから、彼らの中には多くの外国人がいますし、妊娠中の女性や子育てを終えた女性も大勢います。このようなことも、ノマドの人気が高まっている理由です。

イギリスや大陸欧州、北米にはノマドワーカーとして成功して生計を立てている人が大勢います。日本では「ノマドワークは成功する！」「人脈を作ればオーケー」「セルフブランディングで何とかなる」と、具体性のないことばかり書いてノマドを紹介している方がいます。また、具体例を紹介してあったとしても、コンサルタントやテレビに出ているような評論家や執筆業の方など、実はノマドワーカーとしては「少数派」の人が少なくありません。そもそも、評論やコンサルティング、執筆などの業務は、先に述べたように市場規模が小さいので、仕事の数自体が多くはないのです。

さて、ここでは、日本でよく紹介されている典型的なノマドワーカーとはちょっと違った分野で活躍している人たちをご紹介します。すべて実在の人物で、私が仕事などで知り合った方々です。

ネットワークエンジニアのAさん［ケース１］

Aさんは、南米のある開発途上国出身で40代のネットワークエンジニアです。彼は地元で先進国の外国人が経営するインターナショナルスクールを卒業しています。Aさんの実家はこの国ではエリートの階層に属し、鉱物資源を掘り出す会社を所有しています。

お父さんは鉱山経営者、お母さんは鉱山技術者です。きょうだいはお姉さんひとりと妹がひとり。お姉さんはアメリカで社会学の博士号を取得し、大学教員をしています。開発コンサルティングもやっている起業家でもあり、３人の子持ちのワーキングマザーです。妹さんは地元の大学で鉱業を学んだ鉱山技師です。

Aさんはインターナショナルスクールを卒業すると、留学生としてアメリカに渡り、実家の援助を受けてアルバイトをしながら、ある州立大学で電気工学と物理を専攻します。大学卒業後、大手のコンピューター会社に入り、技術者としてのキャリアをスタートさせます。

最初の就職先では**スーパーコンピューター**のメンテナンスなどを担当していましたが、その後、エネルギー大手の情報システム部門に転職し、アマゾンのジャングルやアフリカの砂漠など、その会社のプラントがあるあらゆる場所で、ネットワークの設計をしたり、サーバーの運用をするなど、主に**ネットワークインフラ**を担当していました。しかし、仕事が大変なので退職し、30代のころにノマドワーカーとなります。今では一年のうち7カ月ぐらいは、大手企業や国際機関などありとあらゆる国にある組織を渡り歩き、プロジェクト単位で仕事をしています。プロジェクト単位での雇用なので、賃金は正社員の何倍もあります。

Aさんの強みは、英語、スペイン語、フランス語、ドイツ語、イタリア語の5カ国語が堪能で、開発途上国の経験が多いことです。開発途上国でネットワークインフラを運用したり、現地の人とうまく仕事をする「コツ」が分かっています。また、政府との交渉もできますし、現地業者との交渉もお茶の子さいさいです。さらに、ジャングルや砂漠などは気候条件が厳しいので、インフラの運用には、独特の経験やコツが必要です。例えば、機器には砂が入りやすいのでどのように保護するべきだ、雨期に

スーパーコンピューター
コンピューターシステムの中でも特に大規模な、高速の演算処理を行うために設計された超高性能コンピューターのこと。
ネットワークインフラ
ITの世界でシステムや事業を有効に機能させるために基盤として必要となる設備や制度などのこと。

はここで洪水が起こりやすいから電話局に影響があるなど、リスクの予測に長《た》けています。先進国出身の技術者だとそういう予測がうまくできません。

Aさんは職人気質のノマドワーカーなので、仕事に対する姿勢は厳しいものです。自分を雇用する顧客やチームメンバーに対しても、技術的な問題に関しては絶対に妥協しません。妥協すると仕事がうまくいかないばかりか、自分の評判に傷がつくということをよく知っているからです。腕一本で稼ぐ職人には妥協という言葉はないのです。世界中どこでも業界は狭いので、噂《うわさ》もあっという間に広まります。職人気質なので、仕事をしない人や、口ばかりで能力がない人は大嫌いです。ただし、やる気のある若手には自分の知識を惜しみなく分け与えます。そして、気に入ったメンバーは自分の次のプロジェクトに入ってもらうこともあります。

仕事に対する姿勢があまりにも厳しいため、時々雇用元の管理者からたしなめられることがありますが、Aさんのスキルや知識は他の人をはるかに上回るため、「彼はああいう厳しい人だ」と、周囲からは許容されています。Aさんでなければ直すことができないもの、うまく運用できないもの、うまく進まないプロジェクトがあるので仕方がないのです。管理者は、Aさんとは気の合わない正社員や、Aさんに比べると経験や能力が劣る人をプロジェクトに組み込むことは避けて、同程度の年齢と経験のある人をアサイン（配属）するようにしています。また、Aさんは技術者ですから、管理業務や調整業務などの苦手なことは業務委託契約に入れません。これはAさんに最高のパフォーマンスを発揮してもらうためです。

休日や長期休暇は遊んでいるだけではなく、専門書を読んだり、自費でベンダー（製品を販売する会社）の講習を受けたりと常に勉強しています。数十万円払って、第三国に講習を受けに行くこともあります。家に遊びに行くと、膨大な量の技術書や、練習用の機器が所狭しと転がっています。このように普段からの積み重ねがあるので、仕事で能力を発揮できるのです。プロとして活躍していくためには自分への投資を怠りません。

Aさんは人材派遣エージェントに登録することもありますが、多くの場合、仕事は口コミでやってきます。評判を聞きつけた人や、以前働いていた職場の人から口コミで声がかかることがほとんどです。ですから、菓子折りなどを持ってクライアント先を回ったり、ソーシャルメディアなどで自分の宣伝をすることは一切ありません。仕事柄、守秘義務の厳しい仕事をすることも少なくないので、特にネットには何も書き込まないように気をつけています。Aさんがシステム管理者やインフラ責任者であることが知れると、テロリストや情報を得たい犯罪者の標的にされる恐れがあるからです。普段は仕事をしている組織を断定される物、例えば会社名の入った名刺などは一切持ち歩きません。さらに雇用先の倫理規定やセキュリティーポリシーはじっくりと読み、ルール違反を犯さないように細心の注意を払っています。たったひとつのルール違反がプロとしてのキャリアを台無しにしてしまう可能性があるからです。

実家に資産があるといっても、実家のことは一切当てにしておらず、援助も受けていません。実家は政情不安な国にあるため、クーデターや政府転覆、資産の国有化などが起こる可能性があるからです。そうなった場合、家に戻ることができるかどうか分からないのです。また、母国は発展途上国なので、国の年金や保険だって当てになりません。ですから、なるべく先進国の会社を転々として稼げるだけ稼ぎ、老後に備えて個人年金基金や海外の不動産に投資しています。さらに、先進国にあるファイナンシャルアドバイザリー業務（財務面のコンサルティング）を行う会社と定期的に話し合い、資産形成の方法について話し合います。帰る所がなくなるかもしれないという恐怖は、Aさんがさまざまな国を移動しながらノマドワーカーとして稼ぐ理由のひとつなのです。

母国ではエリート階層なので、国に戻っても仕事はありますが、賃金は先進国や、先進国の組織に雇われてノマドワーカーとして稼ぐ場合に比べるとグンと下がってしまいます。その国ではアメリカの大学院を出ているようなエリートの人が外資系企業に雇われても、月収20万円程度です。先進国の組織に雇われて途上国の現場で仕事するという雇用形態であれば、僻地《へきち》手当や危険地手当もつきますので、月収１００万円以上を稼ぐことができる場合もあります。母国に比べたらざっと5倍ですから、Aさんはいくら楽でも実家に戻って働く気がしない、と言っています。Aさんの母国時代の同級生のほとんどが、海外で専門職として就労しているそうです。

Aさんのケースが示唆していることは何でしょうか。

- 稼げるノマドワーカーになるには、専門家としての深い知識と経験が必要。
- 世界中で名前が知られている大学などの教育機関で専門教育を受け、自分の人材としての価値を高める。
- 最初は大企業や研究所などでキャリアをスタートし、組織としての仕事のやり方や経験を積み、自分の市場価値を高める。また、ノマドワーカーとして仕事の依頼が来るような人脈を作る。
- 世界中で仕事をするノマドワーカーにとって英語は必須条件。さらに、フランス語、スペイン語、ポルトガル語など新興国で使われている言葉や分野に精通することで、自分の人材としての価値が高まる。
- 経験のあるプロであっても、常に自己研磨《けんま》が必要。自分の知識やスキルへの投資は惜しんではならない。ただし、クライアントに求められている知識やスキルであることが前提であり、専門的である必要がある。具体性のないスキルは役に立たない。
- 良い仕事をすれば口コミで仕事はやってくる。セルフブランディングや中身のないマーケティングに時間を費やすのは無駄。大事なのはひとつひとつの仕事を完璧にこなし、クライアントの信頼を得ること。

●完全独立採算制なので、病気になった場合の費用や、老後の資金などのことも考えておく必要がある。プロの知識を借りて効果的に資産を管理しなければならない。

●先進国のノマドワーカーが競争することになる相手は、Aさんのような途上国のエリート。発展途上国の出身者は、自国の政情が不安定なことから先進国での雇用を好み、「戻れなくなるかもしれない」という恐怖感をバネに働いている。このような人々と互角に戦うことができるか、よく考える必要がある。

ニュージーランド人医師のTさん［ケース2］

現在30代のTさんは医師でありながらノマドワークを実践しています。ニュージーランドの大学で医学部を卒業し、数年間麻酔医として地元の病院で勤務した後に、趣味の旅行やアウトドア活動を究めるために、他の国の病院でも働くようになりました。スペイン、ギリシャ、カナダなどの勤務を経て、現在はイギリスの病院で週3回麻酔医として働いています。最近イギリスでは、良い医師はアメリカやカナダに行ってしまうため、英語がネイティブで経験も豊富なTさんは、現在の勤務先で大変重宝されています。病院側はもっと働いてほしいと言っていますが、良い人を確保するのがなかなか大変なため、Tさんの主張をのんで週3回という勤務を受け入れています。また、勤務時間もTさんの希望に合わせています。

麻酔医を選んだ理由は、Tさんがその分野に興味があったということもありますが、さまざまな国で仕事の需要があり、フリーランスの医師として比較的自由に仕事がしやすいためです。将来自分の病院を持ちたいとか、研究を中心とした仕事をしたいとは考えていません。自分の性格やライフスタイルを考えると、そういう仕事は自分にはあまり向かないと考えているからです。

Tさんが医師の資格を取得したのはニュージーランドですが、イギリスとニュージーランド、さらにEUには医療資格の相互協定があるので、ニュージーランドの資格を持っていれば、イギリスや他のEU加盟国で勤務することができるのです。また、お父さんはイギリス人なので、Tさんはニュージーランドとイギリスの二重国籍を持っています。イギリスはＥＵ加盟国ですから、イギリス国籍があれば、他の加盟国でも自由に働くことができます。

勤務をあえて週3回にしている理由は、趣味のカヌーやロッククライミング、サイクリングとの両立のためです。時々半年から1年程度の長い旅行に出て、アフリカや南米を回ることがあります。医師としての仕事も楽しんでいますが、あまりガツガツと稼がずに、自分の趣味を充実させたいと考えています。スポーツにいそしむ傍ら、自然保護やアウトドア団体での活動にも熱心です。

Tさんは一人っ子です。ニュージーランドの首都ウェリントンで育ち、地元の高校と大学を卒業しました。実はTさんは、親子2代にわたるノマドワーカーです。お父さんはイギリス人で、イギリスで医学部を出て医師として働いていましたが、ある時冒険に出たくなり、船医としての勤務を始めます。船に乗り、さまざまな土地で医師として勤務した後に、たまたま寄港したニュージーランドで今の奥さんに出会い、定住しました。その結果、Tさんが誕生します。両親はTさんのライフスタイルに賛成しています。そもそも、お父さんが元祖ノマドのような生活をしていたので、一度きりの人生の間にいろいろな国の文化に触れたり、さまざまな国で経験を積むことは人生を豊かにすると考えているからです。

Tさんは、今後数年は現在のような生活を続けていきたいそうですが、いずれはどこかの国で腰を落ち着けたいと考えています。

このTさんのケースは、私たちに何を教えてくれるでしょうか。

- より自由で柔軟性のある生活を実現する「ライフスタイル・ジョブ」という働き方がある。
- ライフスタイル・ジョブを実践するには、自分がやりたいこと、望むことを明確にすることが重要。
- 世界中のどこでも需要がある仕事、スキルは、医療など汎用性のある分野。需要が高く、専門性の高い仕事ほど、顧客と仕事のスケジュールや賃金を交渉するのに有利。
- 高度な学歴やスキル、専門知識、経験は仕事の選択肢を豊かにする。特に医師などの資格取得が困難な仕事ほど、勤務地や賃金の選択肢が広がる。

- 英語が母国語であることは強み。英語圏だけではなく非英語圏での勤務も可能になる。
- ノマドワークを実践する場合、就労許可の取得がネックになる場合があるが、二重国籍やEU加盟国出身者の場合は、許可の取得において有利。非EU加盟国の出身者は、EU加盟国で仕事する際には、そのようにすでに許可を持っているノマドワーカーと競争しなければならないことを覚悟すべし。
- 収入がある程度保証されている分野でノマドワークをする場合は、経済的に安定している。

ビジネスアナリストのMさん［ケース3］

Mさんはフランス出身で、金融と製造業の情報システムを中心に20年近くノマドワークを実践している50代の**ビジネスアナリスト**です。奥さんはイギリス人、娘さんが2人いて、イギリスとフランスに不動産を所有しています。

ビジネスアナリスト・ビジネスアナリシス
経営者や情報システムを使う人のビジネスにおける課題を調査分析し、要件定義（p.19）を作成する人・仕事のこと。

もともとフランスの大学で物理学を専攻していましたが、学問を究めるために、ケンブリッジ大学の修士課程に進みます。研究室では膨大な量の実験データを処理する必要があったのですが、Mさんと彼の同級生は計算をするのが面倒になったので、計算を自動化するシステムを設計します。そのシステムがなかなか好評で、他の研究室や学部からも「使わせてくれないか」という依頼が殺到します。当時のMさんは、そのまま大学に残るか就職するかを決めていなかったのですが、自分の作ったものがどうやら実践でも使えるらしい、その上お金になるらしいということに気がつき、製造業向けのソフトウェアの開発を始め、ノマドワーカーになります。独学で**ビジネスアナリシス**やインフラのことも学び、要件定義、顧客との交渉、システム分析、インフラ設計、アプリケーション運用などもひと通りこなせるようになります。

仕事を始めると、評判を聞きつけたクライアントや知人のいる会社などからどんどん声がかかるようになります。会社を立ち上げることも考えられましたが、人を雇うのが面倒なのと、仕事の規模を広げたくなかったので、会社として登記はしてあるものの、一人親方として仕事をしています。会計業務は知り合いの会計士さんに毎月頼んでおり、月に2万円程度の顧問料金を払っています。

仕事はプロジェクト単位で請け負うことがほとんどです。短期だと3カ月、長期だと数年という単位で引き受けます。イギリスで働くこともあれば、カナダ、ドイツ、ドバイ、シンガポールなど、依頼さえあればいろんな国に出かけていきます。Mさんは、英語に加えて母国語であるフランス語やイタリア語、ドイツ語も堪能なので、英語圏だけではなく、それ以外の国で業務を行っているフランス系の企業やフランスの旧植民地、ドイツなどでも仕事が可能なのです。さまざまな国で仕事をすると、その土地特有の商習慣や文化が分かり、大変面白いと考えています。また、Mさんはフランス人らしくグルメなので、それぞれの土地の食事も楽しみにしています。

若いころは、自分で実際にシステムを開発したり運用することが多かったのですが、経験を重ねてくると、クライアントの社員やプロジェクトメンバーのトレーニングや、よりハイレベルなシステムを設計をするための助言をするなどアドバイザー的な仕事が増えてきました。また、若い人は昔使われていたプログラミング言語やシステムをよく知らないため、Mさんのように経験の長い人は、古いシステムを使っていることが少なくない金融業界や製造業では引っ張りだこです。Mさんは若い人にいろいろと教えることが好きで、大変オープンな性格なので、質問されれば惜しみなく知識を分け与えます。ムードメーカーでもあり、職場ではジョークやフランス風のウィットに富んだ会話が絶えません。

仕事の賃金は、市場価格に沿った金額を請求しています。世界中のどこで仕事をしても、大手企業や多国籍企業が支払う額というのはそれほど変わらないため、価格交渉などをすることはありません。賃金のベンチマーク（パフォーマンスを評価する基準）は調査会社や人材派遣会社が把握しているので、そうした会社や同業の個人事業主が、「あそこは大体このくらい」と教えてくれることもあります。クライアント側も、Mさんのようなベテランは業界に知り合いが大勢おり、賃金の相場を把握しているのを知っているので、適切な市場価格を払います。

Mさんは個人事業主ですが、クライアントの無理な要求は受け入れません。クライアント側に問題がある場合は、口頭やメールで問題を指摘します。クライアント側も、Mさんにはアドバイザー的な役割を期待しているので、厳しいことを言われても問題視しません。Mさんをプロとして信頼しているからです。

通常朝は9時ごろから働き、夕方5時半には仕事を終えます。在宅勤務が可能なクライアントの場合は、家で作業をすることもあります。就業後はジムに行ったり、奥さんと食事を楽しみます。また週末は、趣味の飛行機クラブに顔を出し、他の会員たちと飛行機に乗って空の旅を楽しんでいます。バカンスは夏に3週間ほど取り、ギリシャやトルコの海岸に出かけてのんびり過ごします。冬はスイスやオーストリア、フランスに2週間ほどスキーに出かけます。他の人と同様、仕事はバカンスに合わせて調整するので、休みが取れないということは絶対にありません。作業量の多い仕事や急ぎの仕事の場合は、クライアントに理由を説明して増員を要請したり、プロジェクトのやり方を変えてもらいます。契約書以外の仕事を無償でやる、ということはありません。

Mさん自身は、ノマドワーカーになるのは決して難しいことではないと考えています。会社員であっても、ノマドワーカーであっても、仕事のアウトプットに対する責任は同じですし、どちらも継続的な勉強は必要です。また、ノマドワーカーであっても、不当な扱いをされるとか、無理な仕事を押しつけられるということはないので、心配する必要はないと言います。時にはクライアントと気が合わないこともありますが、その場合は、仕事をする場所を変えればよいだけだと考えています。また、事務処理は信頼できる外部の会計士さんなり、専門家なりに任せればよいので、特に困ることはないそうです。個人事業主として会社と契約した方が、社員よりもずっと多くの給料をもらえるのだから、やる気がある人はどんどん個人事業主になればよいと考えています。

Mさんのケースから学べることを考えてみましょう。

- 必要とされるノマドワーカーになるには、クライアントが求めるスキルを持つことが大切。レガシーシステム(古いシステム)の知識はニッチではあるが、需要がある。他の業界や分野でも、そうした知識を探して仕事をすると有利になる。
- ノマドワーカーであっても、無理をして仕事する必要はない。クライアントが無理な要

求をする場合は、納期や賃金などを交渉すべき。

● 会社員であってもノマドワーカーであっても、仕事のアウトプットや納期に対する責任は同じである。会社員とノマドワーカーの違いは、雇用形態の違いに過ぎない。

● 他のノマドワーカーとの横のつながりを大事にし、賃金などの情報を交換し合うことで自分の交渉力も高まる。

● 情報システムの開発など、汎用性の高い業務はノマドワークになりやすく、賃金も悪くない。ただし、単なる開発ではなく、アドバイザリー（顧問）や企画など付加価値の高い業務をこなすことが、高い賃金を確保するのに役立つ。

政策コンサルタントの女性、Rさん［ケース4］

Rさんはロンドン郊外で育った50代のイギリス人女性です。ロンドン南部の住宅地に、大学教員のご主人と高校生の息子さん2人と暮らしています。

Rさんはイギリスの大学で栄養学を専攻した後、数年間バックパッカーとしてさま

定性調査
グループインタビューなどの形式で言語情報を中心に収集して分析する調査手法。
定量調査
選択肢回答形式のアンケート調査などで取得したデータを数値化して分析する調査手法。

ざまな国を回ります。もともと外国、特にアフリカに興味があり、いろいろな国を訪問してみたいと思っていたのです。帰国後、イギリスの大学院の修士課程で栄養学と開発学を学び、在学中に国際非営利団体でインターンをしたのを機に、その後15年間、実にさまざまな国際機関や非営利団体で、栄養指導を中心とした政策コンサルタントとしてプロジェクト単位で働きます。プロジェクトは開発途上国における栄養関係の**定性調査**や**定量調査**、政策立案の補助、官僚や教育関係者向けのセミナー、広報活動の支援、大学の調査への協力、進出企業への助言など多岐にわたります。

Rさんが、あえてどこかの団体の正職員にならなかったのには、いくつかの理由があります。まず、仕事をしながら博士論文を書いていたので、ある程度自由になる時間が欲しかったことです。フルタイムで働いてしまうと、論文に集中するのは難しいのです。2点目は出産です。Rさんは、ある大学の政策プロジェクトに関わった時にイギリスの大学で研究者として働くご主人と出会います。ご主人は研究者なので比較的時間が自由になり、家事や育児に協力的ですが、Rさんは家族と過ごす時間が欲しかったので、プロジェクト単位で仕事ができる上、**成果物**を出せばあとは通勤する必

成果物
プロジェクトの目標を満たす製品またはサービスのこと。

要がなく、自宅で仕事ができるという勤務形態は理想的でした。またプロジェクト単位で雇用される場合は、正職員で働くよりも支払われる報酬が高いので、たくさんのお金をもらえることも魅力です。

子供の学校の授業がある時期にはプロジェクトを入れ、長期休暇の時には仕事を入れずに家族みんなでキャンプや海外旅行に出かけます。なお、プロジェクトで1～2カ月アフリカに行くこともありますが、その間はご主人がすべての家事育児を担当しています。ご主人もほとんど家で仕事しているので、仕事と家事の両立が難しくないのです。

Rさんは、アフリカと栄養指導が大好きなオタクという感じの性格で、夕食に招かれると、自分のプロジェクトのことや、アフリカの社会情勢、開発援助の問題などを大変熱心に語るエネルギッシュな女性です。開放的な性格なので、交渉や公的な場でのスピーチも得意です。プロジェクトによっては、その国の官僚や教育関係者のトレーニングや、国際機関とその国の政府の交渉を担当することもあります。

Rさんのケースには、働く女性にとってのヒントがあります。

● ノマドワーカー的な働き方は、出産でキャリアが中断されがちな女性に適している。正社員ではないので、働き方や仕事の量を自分の好みに合わせて調整することができる。ただし、稼げるノマドワーカーになるには、出産前にスキルを身につけ、キャリアの下地を作っておくことが大事。

● ノマドワーカーの場合、成果物で仕事が評価されるため、男女の差がない。ただし、女性であることや子供がいるという甘えは許されない。あくまでプロとして質の高い成果物を出していく必要がある。

● キャリアを中断しないためには、プロジェクト単位でもよいので細く長く仕事をしていくことが重要。

● このケースのように「栄養学と開発」など、複数の分野の専門を紐《ひも》づけることで、自分の専門家としての付加価値が上がる。ニッチな分野で何か付加価値が高そうなスキルの組み合わせはないかどうか、考えてみる必要がある。

●博士号、修士号、論文、プロジェクトの実績など「目に見える資格、アウトプット」などがあると、自分のノマドワーカーとしての価値が高まる。新規のクライアントに対しても信頼を得やすくなるし、仕事の実績をアピールしやすくなる。

ノマドワークのマーケットプレイス

ノマドの増加はイギリスだけではなく、世界中で起こっています。その理由は、インターネットを使うことで通信費が劇的に低下したことや、インターネット経由でできる「知識ベースの仕事」が増えたことにあります。以下はイギリスの新聞『ガーディアン』のサイトに掲載された記事です。

すべての証拠が、イギリスの経済全体だけではなく、世界中でフリーランスの労働が大幅に増えていることを示している。「ビジネスは飛ぶような勢いで伸びている」と言うfreelancer.comの最高経営責任者マット・バリー氏は、インターネットが「世界の労働市場を引っかき回して、社会に地殻変動」を起こしていると評する。freelancer.comはフリーランサー向けのオークションサイトのようなものだ。雇用者が仕事を出品し、フリーランサーがその仕事に入札するという仕組みで、この種のサイトとしては世界で最も大きなもののひとつ。これまでに93万件ほどのプロジェクトが外部委託に出され、約８０００万ドル（５０００万ポンド）の利益を上げている。「インドのあるフリーランサーは、65ドルのウェブサイトを作って、年間で１００万ドル近い売り上げを上げています。彼のところでは現在80人が３カ所のデザイン施設で働いていますが、それは当サイトで彼がトップフリーランサーのひとりだという評判が確立されたおかげなのです」

the guardian "How to become a successful freelance"

※記事の中の金額は１ドル＝90円換算で、８０００万ドルが72億円、65ドルが５８５０円、１００万ドルが９０００万円に相当。

the guardian "How to become a successful freelance"
http://www.guardian.co.uk/money/2011/aug/05/how-to-become-successful-freelance?INTCMP=SRCH

外注してコストとリスクを回避する

イギリスでは会社員でも、身分は会社員のまま、会社の外で仕事をするノマドワークを認める企業が増えているのですが、これは実は、事務所の賃貸料や光熱費を節約したい会社側と、自腹の交通費を節約したいという会社員側の合意（日本以外では、交通費は自腹のことが多いのです）があるからです。さらに、公共交通機関がオンボロ過ぎて通勤が大変だというのも理由のひとつです。

ロンドンなどでは、情報システムの開発者は最初から事務所に席すらないということがあり、フリーや自営業の場合は最初から在宅勤務です。これは、プロジェクト単位で雇う人の席やら文房具を用意するのにお金がかかるため、その費用を節約したいという理由からです。例えば、ロンドンの繁華街であるウェストエンドにある会社の場合、2012年のオフィス費用は世界一です。ロンドンにある会社は、従業員一人当たり年間で2万3500米ドル（1ドル90円換算で、約211万円）ものコストを負担しています。ロンドンの次に高額な香港の場合は、およそ2万2000米ドル（約

198万円）です。世界の高額なオフィス費用トップ10の実に6つを、欧州の都市が占めています。ロンドン以外の都市は、ジュネーブ、チューリッヒ、パリ、オスロ、モスクワです。💻

中東や中国、ロシアなどの新興国の富豪や企業から、不動産投資の資金が流入しているため、ロンドンの不動産価格は上昇しています。イギリスは政治的にも経済的にも安定している上、外国人の不動産投資に対する規制が緩いため、格好の投資先なのです。古い物件や建物そのものにも価値があるため、ロンドン中心部の不動産の値段は非常に高く、今やオフィスの賃貸料金は欧州一なのです。オフィスをちょっと拡張するにも莫大なお金がかかりますから、自宅で作業してもらった方が会社としてはありがたいわけです。

金融機関や防衛、行政などの機密情報を扱う業界でも在宅勤務は可能です。働く個人と雇う側が機密保持契約を結び、事前に情報の取り扱いについて厳しい取り決めをしておけばよいからです。契約違反をした場合は違約金などが発生しますので、働く方も下手なことはしない、というわけです。また、在宅勤務の通信は指定されたシス

💻 CNBC "London Wins! It Has the Most Expensive Office Space"
http://www.cnbc.com/id/100404237

テム上でのみ行うなど、システム面でも情報の機密性を担保するようにします。

なお、国際機関もノマド的なプロフェッショナルを多数雇っています。実際に、仕事の多くは、高い賃金で短期雇用される研究者や開発コンサルタントに外注し、国際機関の職員たちは、仕事の進捗《しんちょく》管理や調整、成果物の検収などを行います。この方法であれば、失敗やリスクはすべて外部の研究者やコンサルタントに投げることができるために安全だというわけです。イギリスの金融機関のIT部門でも、危ないプロジェクトは、失敗したときのリスクを負わずにすむように外部のコンサルタントを雇って実施します。

ちなみに、バリバリのお役所である国連の専門機関でさえ、10年ぐらい前から在宅勤務が増えています。プロジェクトは世界各国で実施されていますので、わざわざ本部やオフィスに人を集めて仕事をする理由がないのです。

それに、国連が取り組む仕事というのは、多岐にわたりますが、人道援助や女性の教育、疫病予防、経済政策、森林管理、武装解除など「ニッチ」な分野が多いのです。各分野の専門家の数は多くはなく、そのような専門家は、開発や政策の専門家や大学の研究者ですので、世界中に散らばっています。全員を一カ所に集めて仕事するわけにはいきませんので、在宅勤務の方が便利、というわけです。

また、仕事の専門性が高いため、職員も専門家も相対的に年齢が高く、乳幼児や学齢期の子供、高齢の親などを抱えた人も多いのです。在宅勤務を認めれば、先ほどのRさんのように高い専門性を持った人たちに家のことを気にせずに貢献してもらえます。

福利厚生や人材確保（リテンション）の点でも、在宅勤務は理にかなっているのです。成果物さえ出ればよいのですから、オフィスに来ようが来まいが関係ない、というわけです。

ノマドを可能にする「契約社会」

イギリスなどの国で、フリーランサーや個人事業者の雇用が多く、その人たちが比較的良い収入を得られるのには、実は理由があります。

それは、これらの国が「契約社会」であるからです。フリーランサーや個人事業者が雇われる際には、仕事の発注元と事前に責任分界点(役割分担)、成果物、納期、仕事のやり方、守秘義務などを事細かに決めます。雇われる方は、事前に合意した以外の仕事はやりません。客先で他の人の仕事を無償で手伝ったり、サービス残業をするということもあり得ません。あくまで事前に合意した「取り決め」の下で仕事をするのです。

フリーランサーや個人事業者が「取り決め」を破った場合には賃金を払わない、などのペナルティーに関しても事前に決めておきます。また、雇う方が「取り決め」以外の仕事を押しつけたり、無理なことを要求した場合には裁判になります。裁判になれば、ルール違反をするような企業として裁判の記録に残りますし、かなり大きな額の賠償金を払わなければならない場合もあります。

このように雇う側のペナルティーも大きいですから、フリーランサーや個人事業者の立場の弱さを利用して無理を言ったり、お金を払わなかったり、成果物を無断で二次利用するようなことはしないのです。

そんなことをしたら、自分の首を絞めることになります。「ろくでもない会社だ」ということが広まってしまうと、腕の良いフリーランサーや個人事業者に働いてもらえなくなりますから、技術系の企業や出版社など、腕の立つフリーランサーや個人事業者頼みでやっているような企業の場合は、それこそ死活問題になってしまいます。

個人事業者が加盟する組合の一部では、料金調査や給料調査を行っており、ウェブサイトで一般公開されています。以下は、ジャーナリスト組合の料金調査サイトの例です。この組合はライターや写真家、デザイナーなどが加盟する組合ですが、どんなクライアントにいくらもらったかを事細かに入力するようになっています。💻

また、どのようなクライアントのどんな仕事だといくら請求するべきか、フリーランスが料金を請求する場合のアドバイスなども細かく公開されています。以下のサイトではフリーランサーが「BBCに請求するべき金額」のリストを見ることができます。例えば、8秒以上のビデオを制作した場合は、一本あたり270ポンド（1ポンド140円で約3万7000円）です。これらの料金は、同組合とBBCが合意した価格です。💻

💻 **NUJ "Send a Rate for a Job"**
http://www.londonfreelance.org/rates/submit2.php
💻 **Freelance Fees Guide "Broadcasting / BBC and national TV"**
http://www.londonfreelance.org/feesguide/index.php?&section=Broadcasting&subsect=BBC+and+national+TV&page=INDEX

執筆の仕事の場合も、このようなレーティングがあります。綿密な調査を必要とする原稿の場合は1000ワード（A4用紙に2枚程度）で350ポンド（1ポンド140円換算で4万9000円）、日給で請求する場合は、1日当たり160ポンド（約2万2000円）です。💻

また、会社員が就業場所や時間などを比較的自由に働くノマドも、契約社会だからこそ成り立つのです。

会社員でも、個々の業務担当や個人の目標が明確になっていますから、同僚や上司の仕事を手伝ったり、自分の専門以外の仕事をすることは原則的にはありません。最初から担当範囲が決まっていて、求められる成果物も明確ですから、家で仕事をしようが、出社しなかろうが、関係ないわけです。

物理的に「会社にいる」ことは、評価の対象にはなりません。評価されるのは、成果物や、その人が生み出した「付加価値」なのです。次の評価の時までに成果物を出してさえいれば、クビにはなりませんし、目標以上の成績を出せば、ボーナスなどの報酬が出る仕組みになっています。事務系の仕事などでも、個人の目標はできるだけ

💻 **Freelance Fees Guide "Online/digital media / Writing and research "**
http://www.londonfreelance.org/feesguide/index.php?&section=Online%2Fdigital+media&subsect=Writing+and+research&page=INDEX

数値で評価しますので、明確になっています。

「演繹的な解雇」と裁判

こういう職場では、突然専門以外の仕事を振られても「これは、私の最大の力を発揮できないからお断りする。しかも、会社側と私の交わした雇用契約に違反する。専門外の仕事を割り当てれば、私が失敗することは目に見えている。つまり、これは私に失敗をさせて、心理的にいじめ、私を退職に追い込むという『演繹《えんえき》的な解雇』(constructive dismissal)ではないか」というようなことを言う人が珍しくありません。💻💻

イギリスでは毎年たくさんの演繹的な解雇に関するトラブルが発生し、雇用裁判所(Employment Tribunal)に持ち込まれます。雇用裁判所は通常の裁判所とは異なり、裁判官はイギリス独特のカツラをかぶっておらず、雇用者と非雇用者の間に起こった問題を解決する場です。原則公開であり、誰でも代理人になることができます。イギリスには約11万人もの弁護士がいるといわれていますが、弁護士以外が代理人になって

💻 GOV.UK “Dismissal: your rights”
https://www.gov.uk/dismissal/unfair-and-constructive-dismissal
💻 Justice “Jurisdiction list guidance for Employment Tribunal”
http://www.justice.gov.uk/tribunals/employment/claims/jurisdiction

もよいのです。訴えの件数は年間13万件を超えます。💻

この裁判所に持ち込まれる問題は、給料の未払いや契約違反など多様ですが、演繹的な解雇もそのひとつです。日本でも類似のシステムが**労働審判**や**あっせん**として導入されましたが、それらは非公開で、全国に3万人しかいない弁護士しか代理人になることができません。また、訴えの数も2009年はたった3500件しかありませんでした。イギリスに比べて日本の制度は形骸化しているような印象を受けます。日本は雇用契約を破っている会社が多いはずですから、訴えがこんなに少ないのはなんだか不思議な気がします。

「演繹的な解雇」とは、簡単に言うと、雇われている人が不快だったり、人間としての尊厳を損なうような状況に職場で追いやられ、自分から退職する状況に追い込まれる、もしくは、雇用者側から解雇されてしまう状況を指します。このような状況における解雇は、雇用者がイジメや差別をしたことが要因の解雇だと考えられ、「不公平な解雇」と呼ばれます。仕事ができないとか、職場で大問題を起こすなどの問題がないにもかかわらず、解雇されてしまったような場合です。ちょっと分かりにくいか

💻 **特定社労士しのづか「労働問題の視点」**
“英国の雇用審判所は原則公開、しかも代理人は誰でもなれる”
http://sr-partners.net/archives/51810575.html

もしれませんので、具体的な例で説明したいと思います。

　イギリス北部にあるコールセンターでパソコンのサポートの仕事をしていたデビーさんは、コンピューターが大好きな女性で、自宅でも最新技術を学んだり、パソコンに関するワザを磨いていました。

　しかし、デビーさんの上司でコールセンターのリーダーであるアレックスは仕事が大嫌いです。パソコンの知識もまったくなく、この仕事はたまたま同級生が他の部署にいたためにコネで紹介してもらい、得意の話術でゲットしただけでした。仕事に対する興味も特になく、仕事の指示や指導は丸投げ。勤務時間中はスマートフォンで遊んだり、Kindleでコミックを読んでいます。デビーさんや同僚は普段からアレックスの勤務態度に不満がありました。

　ある時、統計ソフトウェアのインストール方法を質問してきたユーザーに対して、アレックスが見当違いな回答をしていました。親切なデビーさんはよかれと思って、そのユーザーに対して電話で正しい方法を説明します。喜んだユーザーはアレックスに「あなたの言っていたことは間違ってたわ。デビーは優秀ね。一発でインストール

労働審判
解雇や賃金の不払いなど、労使間のトラブルを迅速に解決するための制度。原則として３回以内の審理で終了する。
あっせん
裁判を行わずに労使間の紛争を解決する制度。弁護士などのあっせん委員が両者の間に入り、お互いの言い分を聞きながら妥協点を見出す。

が済んじゃったわ。あなた、優秀なスタッフがいて本当にラッキーよね」と皮肉たっぷりに伝えます。周囲にいたデビーの同僚は大爆笑でした。

ところが、この事件がデビーさんを大変厳しい立場に追い込みます。怒ったアレックスは、デビーさんに突然、「今日から**ソリューション営業**をやってくれ。毎日朝7時に出社。ノルマは1日3件の契約確保だ。分かったな」と告げて、配置転換に職種替え、さらに勤務時間の変更を言い渡します。「私の契約と違うわ」と言うデビーさんの訴えをアレックスは聞き入れません。デビーさんに課されたノルマは、その会社の常識ではあり得ないものでした。熟練した営業マンでも、月に2件の契約が取れれば良い方なのです。真面目なデビーさんは、シングルマザーということもあり仕事を辞めずに懸命に仕事をしました。しかし、専門が違うので契約など一件も取れません。2週間もたたないうちにデビーさんは体調が悪くなり、うつ状態に陥ってしまいます。その翌月、デビーさんは退職すると同時に、演繹的な解雇をされたとして、勤めていた会社を雇用裁判所に訴えます。訴えの理由は、以下の通りです。

ソリューション営業
顧客の問題を解決する提案を行い、相互の利益を上げる営業活動のこと。

●自分の勤務態度やスキルには何の問題もなく、むしろ優秀なスタッフだったのに、突然専門がまったく異なる分野に配置転換された。
●配置転換に関して、きちんとした協議がなかった。
●配置転換先の仕事は専門がまったく異なる上に、会社はあり得ないノルマを自分に課し、失敗することが目に見えていた。
●その結果、自分はうつ病になってしまった。自主的に退職したが、これは会社による組織的なイジメであり、演繹的な解雇である。
●自分はコンゴ難民の二世で黒人女性であり、40代のシングルマザーである。配置転換を決めた上司は白人の20代のイギリス人男性であり、仕事の評判も良くない。これは人種差別であり、イジメである。

同僚や他の部署の管理職が証人になってくれた上、デビーさんの仕事ぶりは職場のメールや電話の録音で証明することができました。裁判の結果、デビーさんは5億円の賠償金を会社から獲得し、今では別の会社に転職して楽しく勤務しています。

会社側が従業員に対してこのようなことを繰り返していると、「あそこはひどい会社だ」と、優秀な人材からどんどん辞めていってしまいます。また、賠償金もバカになりません。従って、雇用契約で事前に取り決めた専門の範囲に沿った仕事を割り振ることは、契約社会の国においては常識なのです。海外にある日本企業の出張所や支店で働く駐在員の方が、日本の感覚で「君、これもやっておいてくれる?」と、まったく専門外の仕事をスタッフや管理職に頼むことがありますが、何の悪気はなくても、訴訟を起こされて大問題になってしまうことがあります。

日本では、外資系企業は例外として、こうした責任配分や評価の仕組みがありません。仕事の役割分担もあいまいです。誰が、何を、いつまでにやるのか、よく分かりません。それに、同僚が困っていると、自分の専門外なのに手伝ったりするのが暗黙の了解になっています。職場には、仕事の成果物とはまったく関係のない行事や飲み会があり、出席すれば「あの人は感じがいい」と、これまた成果物とはまったく関係のない「感情」でその人の「能力」が評価されます。

日本ではこういう働き方がまだまだ主流ですので、就業場所や時間などを比較的自由な形にして働くノマドワーキングがあまり普及しないのかもしれません。

「個人主義社会」だからこそ成り立つ

イギリスや欧州北部で会社員のノマドワークに前向きなのは、これらの国ではもともと仕事でも勉強でも個人の裁量に任せて、他人はなるべく介入しない、という**個人主義**(individualism)を原則とする社会があるからです。

これは、簡単に言うと「あなた分かってるわよね、じゃ、適当にやってちょうだい、でも責任はあなたが持つのよ」という、「個人の自由を認める代わりに、個人が自分の責任を持つ」ということが前提になっています。

つまり、「仕事を発注する側と、雇われる側の責任分界点(役割分担)を明確にし、雇われる側は事前に合意した内容に沿って、個人の責任で成果物を納品する」という合意の上で成り立つ世界なのです。

このような前提は、ヨーロッパの歴史に関係があります。中世ヨーロッパでは、社

個人主義
国家や社会の権威に対して個人の権利と自由を尊重することを主張する立場。個々の人格を至上のものとして、個人の思想や行為を重視し、そこに義務と責任の発現を認める。

会の中で教会の力が強く、世の中の決まりや倫理を教会が決定していました。

しかし、教会の汚職や資本主義の発達、14世紀から16世紀にかけて興《おこ》った**ルネサンス**により、教会の力が弱まってくると、ローマやギリシャ哲学に影響を受けた個人主義的な考え方が強くなっていきました。このことは、それまで教会の力が強大であった欧州においては、社会の大変革を意味する事件だったのです。

この「個人主義」とは、家族やコミュニティー、国の発展は個人の幸せの上に成り立っている、とする考え方です。「家族」や「国」を作り上げているのは「個人」ですから、それぞれの個人が不幸であったら良い世の中にはなりません。社会の幸せを促進するには、個人に最大限の自由を与え、自律的に行動することを基本とするべきだと考えられるようになりました。そのため、国や教会、組織の介入は最小限にとどめ、個人が自分で考えて行動することを奨励します。

しかし、人間は時に間違いを犯すこともありますので、最低限の決まり（法律）によって秩序を保ち、世の中がより良い方向へ繁栄する仕組みを整備しました。この仕組みを守るために、決まりを破った人には制裁を加えます。そして、個々人が自分の土

ルネサンス
14世紀から16世紀にかけて、イタリアからヨーロッパ各地に広がった文化復興運動。ギリシャ・ローマの古典文化の復興、教会中心の中世的世界観からの脱却、人間性の解放などを主張し、近代文化の基礎となった。

地やお金を持つことも、個人の自由にとって不可欠であると考えられるようになりました。これが近代資本主義の基礎になっている考え方です。

この個人主義の考え方は、欧州各国により若干異なる解釈がなされるようになりましたが、**フランス革命**や近代資本主義の成立の基礎となり、欧州を形成する考え方のひとつとなりました。

イギリス人を中心とする移民で建国されたアメリカは、特に自由や進歩を重んじる人々が移民になったこともあり、建国当初から個人主義が国としての「哲学」です。ですから、欧州に比べて国が教育や医療などに介入する割合が低く、民営企業や個人の巨大な自由が認められているのです。

イギリスの「自由」と「責任」

イギリスでは、個人主義の考え方が、個人とイギリス国教会の関係、さらには、経済的自由において重要視されるようになりました。その流れを汲《く》んで、イギリスでは

フランス革命
1789年に始まったフランスの市民革命。「自由・平等・博愛」の実現を目的とし、絶対制末期の失政に抗議するブルジョアや一部貴族に一般民衆が加わって起こされた。

大航海時代に株式会社の基礎や、保険の基礎が生まれます。

イギリスは今でも欧州において、最も個人主義的な考え方が強い国です。従って、イギリスの人々は、幼少時から個人主義的な考え方の下で教育を受けます。最低限の決まりはあるが、全体的には個人の自由を尊ぶ、しかし、個人の責任はばっちり問う、という考え方が基本になります。

例えば小学校では、学校にお金を持っていこうが学校でお菓子を食べようが、最低限の規則さえ守っていれば自由です。しかし規則を破ったり、イジメをしたりすると大変厳しい罰則が待っています。

大学では、教員は大人である学生の面倒を手取り足取り見てはくれません。授業時間も極端に少ないものです。明確化された課題や試験のルールを守ってさえいれば、後は自律的に勉強すればＯＫという仕組みになっています。

ただし、課題を期限通りに提出しなかったり、試験の結果が公表されている基準以下であれば、留学生であろうが何だろうが容赦なく落第させます。ルールを破ったのは学生本人ですから、情状酌量の余地はないのです。ルールの例外を認めていたら公

大航海時代
15～17世紀、ヨーロッパ人がインド・アジア大陸・アメリカ大陸などへ植民地主義的な海外進出を果たした時代。

平性がなくなり、その仕組みが崩壊してしまいます。

イギリスでは子供のころからこういった環境の中で育ちますので、大人になっても「原理原則は決まっているが、後は自由になる。ただし責任は自分。個人の役割分担は明確に決めて、各自が責任を持つ」という働き方が当たり前になるのです。

第3章

激烈な格差社会の到来

実は「恐ろしい」ノマド

インターネットでどこでも仕事ができるようになったことから、雇用される年数などではなく、スキルや成果ベースの働き方に移っているのは、イギリスだけではありません。しかし、これはある意味で大変恐ろしいことです。

前述した、ウェブサイトを作って年間で100万ドル近い売り上げを上げているインドのフリーランサーや、イギリスのIT業界のノマド（flexible workforce）のようにスキルがある人は、国境も時間も関係なく、たくさんのお金を稼ぐことが可能になります。このように才能がある人にはどんどん仕事が集中しますが、誰にでもこのようなスキルがあるわけではありません。

また、ノマドは初日から「その道のプロ」として働くことが要求されるため、就業年数の少ない若者や、「付加価値の高い」スキルを持たない人々は、労働市場から疎外されていきます。

2011年夏に発生した**イギリスの暴動**の引き金のひとつとして、若者や貧しい人

イギリスの暴動
2011年8月6日、ロンドン北部で警官が黒人男性を射殺したことに抗議するデモが暴徒化し、銀行、商店などが放火・略奪された事件。

たちがこのような「労働市場の地殻変動」から取り残されていることへのいら立ちが原因ではないか、とみられています。インドやバングラデシュのエンジニアが年収1億円を得ることができる一方で、スキルがないイギリスの若者には仕事がないのです。ノマドの給料が上がる一方で、店員や農場の従業員、秘書など「付加価値の低い」労働を提供する人々の給料は下がっています。

イギリスではＥＵの通貨統合後に労働市場が自由化されましたので、仕事のない南欧州や東欧から大勢の外国人労働者がやってきました。彼らは英語だけではなく２カ国語、３カ国語を話す上、自国の何倍も稼げるイギリスでは熱心に働きます。

例えばルーマニアではホテルの受付は、収入が高い人の場合でも月収3万円ほどです。週38・8時間働くと考えた場合、時給は２００円程度になってしまいます。💻

ところがイギリスにやってくれば、月収は少なくとも約15万円で、時給にして１０００円ぐらいは稼げるわけです。💻

約5倍もの収入を得られるとなれば、熱心に働く人が多いのは言うまでもないでしょう。「こんな仕事はやりたくないなあ」と、ダラダラ働くイギリスの若者よりも、英

💻 **World Salaries “Romania Average Salaries & Expenditures”**
http://www.worldsalaries.org/romania.shtml
💻 **World Salaries “UK Average Salaries & Expenditures”**
http://www.worldsalaries.org/uk.shtml

語のほかに2、3カ国語も話せる上に、一生懸命やる外国人の方が雇用側にとっては助かります。

国籍や出身地は関係ない

イギリスではサービス業や農業などだけではなく、従来は国内の労働者の多かった建築や電気配線業、公共交通、さらに金融街の金融専門家や技術者、研究者などにも大勢の外国人労働者が従事しています。

その多くは、外国で高い教育を受け、バイリンガルやトライリンガル、さらに多い人は4つ、5つの言語をしゃべれるのです。英語しか分からず、技術も知識もないイギリスの若者には勝ち目がまったくありません。

ちなみに、私の本業であるITの世界では、技術者も管理者も外国人ばかりです。ケニアからナイジェリア、バーレーン、インド、南アフリカ、中国、ブルガリア、アルバニア、ロシア、バルト三国など実にさまざまな国の人が働いていますが、その多くは、自国で相当高い教育を受けているエリートや、イギリスに留学していた人々で、英語もできる上に技術も経験もあります。

スキルがないイギリス人の若者と、こういうスーパーワーカーを比べた場合、雇用者側が雇用するのはどちらでしょうか？ ——当然、後者でしょう。国籍や出身地は、まったく関係ないのです。

ノマドワーキングやフリーエージェントにあこがれる日本の若者は多いようで、インターネットで検索すると「ノマドになりたい！」と夢と希望にあふれたサイトやブログがたくさん出てきます。しかし、ノマドワーキング、フリーエージェントが当たり前の働き方になるということは、このような「激烈な格差社会の到来」を意味するのです。

「何でも屋さん」は能無し

ノマド的な働き方が広まると、技能がある一部の「プロ」には、国境も住んでいる場所も関係なくますます仕事が集中し、さらに稼げるようになります。

一方、「能無しの正社員」は切られるか、労働の付加価値が低いためにどんどん給料が下がります。大半のサラリーマンにとって、これは脅威です。日本のサラリーマンには、新卒で会社に入り、さまざまな部署を経験するゼネラリスト（何でも屋さん）が少なくありません。

しかし、ゼネラリストは何でも広く浅くできる代わりに、これといった専門がありません。ノマド的な働き方の世界では、各自が自分独自の専門や個性を「売り」にすることが前提ですが、ゼネラリストには何も「売り」になるものがないのです。個性的な高級食材を売っている店や高級衣料店が立ち並ぶ中に、ぽつんと、何でも売っている「お好み食堂」があると考えてみるとイメージしやすいかもしれません。

ゼネラリストは調整役として、大きな組織などではこれからも需要はなくならないかもしれませんが、ノマド的な働き方が広まっていくと、その役割や需要はどんどん縮小していくように思えます。その結果どうなるかというと、そういう人には仕事がなくなっていく、ということなのです。日本の多くのサラリーマンにとっては、考えたくない未来かもしれません。

日本でも景気が悪くなれば雇用環境が激変し、企業はノマド的な人材を使うようになることが考えられます。グローバル化に伴いビジネスのスピードが加速しているため、企業はコストが高く、知識が陳腐化しやすい正社員を抱え込めずに、プロジェクト単位でプロを雇うようになります。

これは「能無し」の会社員にとってはまさに恐怖です。その中で生き残っていきたい、生活レベルを維持したいと考える若者や中年は、自分を「自分商店」「外人部隊の傭兵」と考え、常に「金を稼げるスキル」を磨いていくべきです。周りが言っていることに流されてはいけません。これからは人と同じことをしていては、食べていけないからです。

私もかつて、外資系コンサルにいた人や国連機関を渡り歩いてきた人たちに仕事を教えてもらったので、考え方はノマド的な働き方をする人たちときわめて近いものがあり、いつも自分は「自分商店」だと思っています。なので、職場への帰属意識はありませんが、仕事のアウトプットや責任には、大変なこだわりがあります。

インターンで「仕事の経験」を買う

ノマド的働き方が広がれば、日本の新卒一括採用のような仕組みはなくなっていきます。採用の基準となるのは、その人の学歴や年齢ではなく「売り物になる」技術なり知識になるからです。これは大多数の日本人にとっては恐るべき事態であり、特に若者には過酷な環境になることを意味します。

なぜ若者にとって過酷かというと、「売り物になる」スキルや知識ベースの採用になるため、未経験者は雇わないという環境になるからです。

こうなると、経験の浅い若者は雇われにくくなります。これは英米で実際に起こっていることです。経験を「買う」ために、若者は学生のうちからインターンをやります。インターンの経験が仕事の有無を左右するのです。まだ経験が浅い人の教育訓練やそれにかかる時間を、会社が負担する代わりに本人が負担するというわけです。

日本では新卒で企業に入社すれば、会社が社員研修などで懇切丁寧に指導してくれますし、仕事中に先輩や上司がいろいろと教えてくれますが、日本の外の世界にはそれがないのです。

インターンの経験を積むには、お金がかかります。仕事は無給のことも多い中、インターンをやっている間にも生活費がかかりますし、仕事をするための服を用意するにも費用がかかります。インターンシップは日本のように1週間とか10日というわけではなく、数カ月、長い人の場合は1年以上やっている場合もあります。アルバイトをしながらのインターンシップは不可能に近いので、学生は親にお金を出してもらったり、借金をしてインターンシップをやることになります。

例えば、私がアメリカの大学院に通っていたころに隣にあった、メディアと広報を専門とする大学院の学生たちは、広告代理店や放送局への就職を志望していましたが、22、23歳で、CNNやABCといった有名テレビ局などのメディア企業でのインターン経験が10社近くあるという人が珍しくありませんでした。学期中にインターンをしたり、夏休みや冬休みに働くのです。しかし、その間はもちろん無給です。主要なメディア企業はニューヨークのマンハッタンにある上、勤務が変則的だったりするので、彼らは家賃が月20万円も30万円もするアパートを間借りしてインターンをします。

食費や交通費を考えると、大変な金額になってしまいます。借金している学生もいましたが、大学院の学費もあるのでそうそう借金もできません。その結果、有名企業での華やかなインターン経歴があるのは、実家が何か事業をやっているとか、親から援助を受けている学生ばかりでした。

こうした理由から、親にお金がない学生にはインターンを経験することが難しいのです。貧しい家庭の子はインターンシップの経験を「買えない」ために就職できない、というわけです。金銭的に余裕がなければ長期間無給のインターンをやるのは無理なので、就職はしなければならない。しかし、経験がないから正社員の仕事はない。仕方なく、有名大学を卒業しているにもかかわらず、喫茶店やスターバックスで働いてインターンの機会を探している学生が大勢います。

リベラル系のインターネット新聞『ハフィントン・ポストUK』では、「ジャーナリストになりたいけれど、私には無給で働くのは無理」という、ジャーナリスト志望の学生が書いた記事が紹介されていました。

「私がこの記事を書くのは、すごく勇気がいりました。私は仕事が欲しいのです。

THE HUFFINGTON POST
"I Want to be a Journalist, But I Can't Afford to Work for Free"
http://www.huffingtonpost.co.uk/libby-page/
i-want-to-be-a-journalist_b_1933270.html

でもジャーナリストになることができるのは、裕福な中流以上の家庭出身の子だけ。無給で働いて経験を積むのは、私には経済的に無理なのです。しかし、会社は経験がないと雇ってくれません。**リーマンショック**の後、事態はもっと悪化しました。今やインターンは無給で働いて企業に貢献するのが当たり前、という風潮になっています」

最近イギリスの新聞や雑誌には、このように「お金がないから、やる気も学位もあるのに、経験を買えない」という学生の悲痛な声が掲載されることが増えています。

高い値の付いた「経験する権利」

「経験の有無」が正社員で採用される決め手となるため、イギリスでは有名企業や団体でのインターンシップの経験自体が「価値があるもの」になっています。

オークションハウスのクリスティーズでインターンをする権利はオークションにかけられ、なんと1カ月間インターンする権利が日本円にして約60万円で落札されるということがありました。その売り上げは非営利団体に寄付されましたが、「無給で働

リーマンショック
2008年9月15日に起きた米国大手銀行リーマン・ブラザーズの破綻と、それに端を発した世界的金融危機を指す。

いて経験を得る」権利に、こんなに高い値段がつくのです。💻

さらに、超有名企業や優良企業のインターンになるためには、親や知り合いのコネが必要です。そういう企業でのインターンは大人気ですが、公募はされないため、知り合い経由でない限り、インターンをすることができないのです。

また、ある特定の有名大学からのインターンしか受け入れない企業もあります。こういう企業は新卒一括採用などはやっていませんし（そもそも、イギリスには新卒一括採用というものがないのです）、新たな空きポジションは、公募されません。ヘッドハンター経由での中途採用がほとんどです。公募される新卒採用枠はほんのわずかか、ほとんどありませんので、実質的にインターンをやることができないと、その会社にコネができずに応募すらできないということになってしまうのです。

専門職大学院だと、就職支援のひとつとして、有名企業や団体でのインターンの「枠」を持っていることがあり、それが学生集めの「売り」になっています。

例えば、私の通ったシラキュース大学大学院は、国際機関や連邦政府に多くの職員を送り出しているアメリカの専門職大学院ですが、インターン専門の教員がおり、自

💻 **BBC News "Interns 'exploited by employers', says TUC"**
http://news.bbc.co.uk/2/hi/business/8565287.stm

分の現役時代のネットワークを使ってインターンを希望する学生を各種団体に紹介したり、学生がインターン先を見つけやすいようにアドバイスをしていました。アドバイスは一対一の面談形式で行われ、履歴書も添削してくれます。また、大学院のOBやOGと連絡を取り合い、インターンの受け入れなどを交渉します。

インターン経験の有無が就職の成功率につながっているので、大学院の授業の質だけではなく、こうした「インターン斡旋《あっせん》サービス」が院の人気を左右してしまうほどなのです。

高学歴の失業者たち

インターンシップの機会がない学生たちは、正社員になる機会も、スキルを身につけてフリーランスや個人事業者を選ぶ選択肢もありません。インターンをしないと「売り物」になるスキルや経験が得られないからです。

仮に日本で新卒一括採用がなくなり、ノマド的な働き方が広まっていくと、つまり、

専門職大学院
高度の専門性が求められる職業を担うための学力を培うことを目的とした大学院。

イギリスのようにインターンシップを経験できないがために高学歴であっても就職できない若い人が増えていく、ということが予想されます。学歴はあっても仕事をする機会が得られないため、若年層の高学歴失業者があふれ、社会階級間の移動がさらに困難になります。

イギリスではお金がなければインターンシップの機会が得られず、能力もやる気もあって、奨学金などで高い学歴を身につけたのにもかかわらず、仕事を得ることができず、階級の垣根《かきね》を越えることができない人が増えている、ということが大変な問題になっています。社会階級の固定化は、イギリス政府にとって重要課題のひとつになっており、新聞やテレビの議論では、毎月のように話題に上る事柄です。

この事が今、ことさら問題になっている理由は、イギリスはこれまで階級を拡散する政策に取り組んできたからです。これを**ソーシャル・エンジニアリング**と呼びます。

イギリスでは1950年代から1970年代にかけて、階級移動を促進するために、貧しい家庭の出身であっても公立高校から有名大学へ進学することができる仕組みを作りました。その中心になっていたのは、グラマースクールと呼ばれる公立高校

ソーシャル・エンジニアリング
社会工学。社会科学の知識を総合して、工学的手法によって社会問題の解決方法を開発しようとする学問。

（日本の旧制高校に近い学校です）。貧しい家庭や下層や中流家庭の出身でも、選抜試験に受かれば入学することが可能で、高い教育を受けることができました。グラマースクールへの進学をバネに、有名大学に進学し、良い企業に就職することができた人が大勢いたのです。その一族の中で初めて高校に通った、大学に進学した、という人がたくさんいました。

サッチャー時代の閣僚の多くは、このルートで階級を乗り越えた人たちでした。私の義母（イギリス人）も豊かではない家庭の出身ですが、グラマースクールに通い、炭坑夫や工場労働者ばかりだった一族の中で初めてホワイトカラーの仕事に就いた人でした。

構造的な不況に苦しんでいたイギリスを救うため、グラマースクールを経て這《は》い上がってきたサッチャーさん（サッチャーさんの父上は雑貨屋を営む地元の名士でしたが、当時のイギリスでは雑貨商は「技能のある労働者階級」に分類され、大学に進学したり、政治家になるような階級ではありませんでした。そういう意味でサッチャーさんは「成り上がり」なのです）やその周辺の閣僚たちは、能力主義を推し進め、生産性の低い産業を閉鎖して、イギリス

サッチャー
マーガレット・サッチャー。イギリス史上初の女性首相（在任：1979-1990年）。サッチャリズムと呼ばれる新自由主義の経済改革を行った。

経済を大改革します。その結果、イギリスの雇用は流動性が高くなり、中流が増えて階級がシャッフルされるようになります。

その後、90年代にイギリスが金融バブルに沸くと、イギリスの社会は「カネ、カネ、カネ」の社会になりました。グラマースクールはなくなり、有名大学に進学するには私立学校への進学や家庭教師を雇うことが必要になりました。就職は経験ベースになり、お金がなければ良い仕事に就くことができなくなってしまったのです。教育と就職にコストがかかるようになり、階級は固定されるようになったのです。能力主義を推し進めた結果、階級が固定されてしまったというのは何とも皮肉なことです。

現在の保守党の閣僚のほとんどは、投資家や資産家などの大富豪の子息で、学費だけで年に200~300万円かかるような私立学校や、オックスフォードやケンブリッジなど一流大学の出身者です。こういう政治家たちは、先祖から莫大な遺産を相続しそれを個人の信託に入れているので、生活には困りません。イギリスの有権者は「こんな人たちに貧困者や庶民の生活の何が分かるのか」「彼らは階級差をなくす気などないのだろう」と、文句を言っています。

車のパーツと同じ「ノマド」

日本でノマド的な働き方を進めていくということは、イギリスの２０００年代初頭から現在のような状況が、この国でも出現することになるのだと思います。そして、現在その厳しさを分かっている日本人は多くはありません。

ノマド的な働き方は企業側からすると、とても都合のいいものです。必要な時に、必要なスキルを持った人を、個人事業者として雇える、いわば「雇用の調整弁」になります。しかも、常に最新のスキルを持った人を雇うことができて、気に入らなければ契約を解除すればよいのです。車のパーツと同じような扱いです。

しかし、働く側にとっては決して楽なものではありません。企業は社員に長期雇用を保障する代わりに、必要な時に必要なスキルを提供してくれる個人事業者には割り増し賃金を払うため、稼げる人はサラリーマンをやるより条件が良くなりますが、言葉や時間や地理的な障壁がない分野では、世界中の個人事業者が競争相手になるのです。

日本には「日本語」という言語の障壁があるので、日本の個人事業者、つまりノマド的働き方をする人々は、英語圏に比べると守られているといえます。しかし一方で、言語的障壁がどんどんなくなっている分野もあります。

例えば、システムの運用やネットワークの監視、セキュリティー監視、システム開発などは、業務のマニュアル化をどんどん進めていけば言語の障壁がなくなりますから、他国の人と競わざるを得なくなります。

人事の給与計算や経理などの**バックオフィス**的な事務処理も、外国人でも日本語が分かる人であれば、別に日本人が作業しなくても困りません。コールセンターなどはすでに海外に外注しているところもありますが、今後業務のマニュアル化やシステム化が進めば、さらに増えていくでしょう。

「新卒一括採用」がなくなる地獄

私は新卒一括採用という制度で就職した経験がないので、好奇心からインターネッ

バックオフィス
企業の中で、後方で事務や管理業務を行う部門のこと。

トで新卒一括採用の**エントリーシート**や面接の質問をのぞいてみたことがあります。

そこには「好きな本の題名」や「この会社での夢」といった漠然とした項目が並んでおり、こんな質問に答えるだけで正社員の職が得られるとは、なんと甘い世界か！ というのが率直な感想です。

イギリスの就職試験は、基本的に中途採用の経験者が対象です。未経験の若い人が経験者のみのポストに応募しても、「うちは経験者のみの採用なんですよ」と簡単に断られてしまいます。とにかく経験を積まなければ雇ってもらえないのです。また、実績主義ですから、採用候補者に対する面接試験の質問の内容は具体的で、実績評価も厳しいものです。

「あなたは前の会社ではどれぐらい儲けて、この会社ではどれぐらい貢献できるか」

「今こういう問題があるが、どうやって解決するか」

「何々システムのどこが落ちたら、どう直すか」

といった質問が当たり前です。会社によってはその場で課題を与え、作業した結果で採用を決めたりします。

エントリーシート
企業の新卒採用活動で学生に提出させる履歴書に似た応募書類。「志望動機」「自己PR」「学生時代に力を入れた事」など、企業独自の質問項目が設けられている。

厳しい会社だと、若い人に対しても実績を「数値」で問います。大風呂敷を広げる人もいますが、直近の就職先や、関係者への聞き取り調査をする場合もあるので、嘘をつくとばれてしまうことがあります。聞き取り調査には、イギリス国内やインドなどにある「バックグラウンド（経歴）調査」を専門にやる業者を使うのです。あえて第三者を使う理由は、応募者に対して公平性を保つためです。コネ採用しようとする人もいるので、それを見分けるために応募者の経歴の正しさを第三者による調査で担保するわけです。そして、嘘をついたことが発覚した場合は経歴詐称を行ったとして、即刻解雇になる可能性もあります。多くの組織には、そのような場合は解雇になるという「倫理規定」がしっかり用意されています。

国連の専門機関も、人事や採用の仕組みは、アメリカ式にイギリスの官僚機構の仕組みを足して割ったようなものですので、専門職も一般職も、採用は「スキル」と「経験」がベースになります。そうした中、専門がまったく違う分野に応募してくる日本人がいたりします。例えば、ポストは広報専門家なのに、専攻は社会学で仕事の経験は会社の企画部であったり、調達部の担当者を募集しているのに、専攻は経済学で仕事の経験は会社の営業であったり、などです。そうした人たちの多くは、日本の超一流大学を卒業していることが多いのですが、いかんせん日本国内のことしか知らないので、国際機関や海外の企業では人事や採用の仕組みが日本とは全然違うことが想像できないのでしょう。

採用担当者は、「日本の人はなぜまったく見当違いなポストに履歴書を送ってくるのかね？　求人をよく読んでいないんじゃないか？　それとも英語が読めないのか？　バカなのか？　でも、学歴はすごいよね。有名な会社にいるし」と首を傾《かし》げます。

この人たちは、国際機関や海外の企業の採用も、日本と同じく新卒一括採用のような仕組みだと思っているのです。送られてくる履歴書も、日本語を英語に直訳したようなものばかりで、「ずいぶんと風変わりな履歴書だ」と言われることが少なくありませんでした。私も国連の専門機関に採用された後に、日本の有名大学を卒業し、誰でも知っている金融機関やマスコミで働いている知人たちから「どうやって仕事を見つけたの？」「リクルーターを使ったの？」「資格試験ってどんなの？」という、かなりずれた質問を何度もされました。超有名大学を出て、超一流企業に勤めていて、「海外通」を自称しているのに、どこでも日本みたいな採用をやっていると思い込んでいるのです。日本のガラパゴスぶりをよく表しているエピソードだと思います。英語圏の大学院や大学を出ている人、外資系で働いたことがある人は、この辺りをよく分かっていますが、日本にはそういう人は決して多くはありません。

新卒一括採用制度に反対している日本の学生さんたちは、そうすることで実は自分の首を絞めていることに気がついていません。一括採用がなくなり、採用がスキルベースになったら、能力のない者は入り口で淘汰《とうた》されます。「売り物」のない学生には仕事がなくなります。こうなると、真っ先に若年失業者になるのは、有名大学の文系学生です。売り物になるスキルを持たない彼らは、高学歴失業者として、ファストフード店で低賃金労働をして暮らすことになります。

「付加価値の高い」技能がない人がノマドになっても、結局は使い捨ての下請けや個人事業主として雇われるだけで、実態は派遣社員と変わりありません。給料も安く、保障もありません。ただ、労働の激烈な自由化を進めているだけです。

ノマドブームの行き着く先は、かつてのフリーターブームや起業ブームと同じような悲劇になるのではないか、と危惧しています。

これはすでにイギリスで実際に起こっていることです。理系や経営、医療系の専門学校を出た、いわゆる「手に職系」の若者には仕事がありますが、文系は超有名大学卒であっても失業しているのです。

景気の悪化と学費の値上げにより、イギリスでは文系学部の人気がどんどん下がっており、哲学や史学、語学系の学部は廃止または統合されて、国立大学でも教員は解雇されています。その一方で、食べていける知識が身につく理系や経営系は大人気で、志願者が増えています。

社畜 VS ノマド

会社に雇われて酷使される「社畜」社員と「ノマド」は対比されることが多いのですが、どちらにも長所と短所があります。

「社畜」の利点は、営業しなくても仕事が降ってくること、毎月給料が支払われること、有給休暇や傷病休暇があること、国によって労働者の権利がある程度は守られていること、会社が仕事の経費を負担してくれること、(日本では)交通費も年金も出る点です。日本の多くの組織では、仕事の成果に対する評価もそれほど厳しくはないでしょう。

一方ノマドは、実質「一人親方」の屋台ですから、すべての経費は自己負担です。事務処理はすべて自分でこなさねばならず、屋台状態ですから営業できなくなればその日から収入がありません。有給休暇も病欠もありません。また、雇われているわけではありませんので、「労働者」としての権利はありません。仕事の成果も収益もすべて自己責任です。文句を言う相手はいないのです。

さらに、常に次の仕事があるかどうか、定期的な収入はあるのかどうか、心配しながら生活しなければなりません。諸経費や働けなくなったときの貯蓄などを考えた場合、月に120万円ぐらい稼がないと、大企業の部長と同レベルの生活は維持できません。平社員の人も、今の給料の大体2倍稼がないと、現在の生活レベルは維持できないとイメージすればよろしいかと思います。

それを毎月稼ぐのがどれだけ大変なことか、一度自営業をやってみればよく分かります。

その上、ノマド（自営業）で成功し、会社組織にして人を雇ったりすると、頭の中は1日20時間ぐらい資金繰《ぐ》りのことばかり考えていなければなりません。基本的に社長の仕事は「資金繰り」です。儲かる仕組みを作ってしまった人は別ですが、開発や物書きなどの「お気軽ノマドの延長」のような仕事は、毎回ごとに成果物を出していかなければならず、自動的にお金が入ってくる仕組みにはなっていません。いわゆる「自転車操業」ですから大変なのです。

ノマドには有給も病欠もありませんし、病気やケガの治療費も心配しなければなりません。日本は病院での治療費が、イギリスのように無料ではありません。医療費の自己負担が3割ですが、大ケガや大きな病気の場合は3割とはいっても結構なお金がかかります。後で高額医療費の還付として返ってくるとしても、最初は現金で支払わなければなりません。差額ベッド代が高い場合もあります。保険適用外の薬を使った場合、治療費はあっという間に膨らみます。

また、病気やケガで休んでいる間は働けませんから、収入は実質的にゼロになってしまいます。ノマド志望の若い人たちは、そういうリスクがあることもよく知っておくべきでしょう。

ノマドの厳しさに比べたら、会社員なぞ甘ったるいものです。サラリーマンは、会社にいればいた時間だけお金をもらえます。日本では交通費も経費も出ますし、会社の電気や水道は使い放題です。会議や雑談の時間にさえ給料が出ます。

ノマドになったら、水や電気代はすべて自分持ちです。自営業をやってみると、健康保険に実はいくらかかっていたのか、年金とは何か、源泉徴収とは何か、ということを知るようになります。世の中の社長さんたちは、社員の健康保険や年金などを払うために、実はボーナスなど目ではない高い額を支払っているのです。中小企業と呼ばれる規模の会社で、社員の給料や社会保険や年金を払い続けるにはいくらかかるかということをマジメに考えてみると、社長さんを見る目が変わります。

ノマド（自営、個人事業者、起業）希望の若者は、自営業や中小企業を営んでいる方に、事業を運営するには毎月どれだけの経費がかかるか、聞いてみるといいかもしれません。

親の家や配偶者が家賃を払っている家に住んで、健康保険も年金も支払わずに自称ノマドワーカー（雇われない働き方）などと言っている人は甘えています。私はノマドをむしろ応援していますが、家族に寄生しているのでは意味がありません。

例えば、ご両親が病気になったらどうしますか？　家が火事で燃えてしまったらどうしますか？　自分が病気になったらどうしますか？

病気やケガは突然やってきます。自分で最低限は稼がなければならないことを肝《きも》に銘じてください。

ノマドになれるのは「スーパーワーカー」だけ

ノマドに必要なのは、専門知識やスキルだけではありません。「ひとりでまわすラーメンの屋台」状態ですから、営業、事務処理、対人能力も必要とされます。全部自分でやらざるを得ないので、普通の会社員よりはるかに高い能力が必要なのです。

すべてをこなせるオールマイティーな「スーパーワーカー」だけが、ノマドになって生き残っていけます。すべてひとりでやらなければならないからこそ、法律や契約書についての知識、会計、税務、商習慣、大企業の意思決定方法、社会人としての常識などを知っていることが重要になります。

仕事を受注しても、契約書がめちゃくちゃ、自分で申告できない、法律違反をしていた、商習慣を知らない、では話になりません。

以前、そうしたことを若い子に忠告したことがありますが、その人は忠告を無視して、後で問題を起こしていました。

さらに、お客さんから仕事を得るには、営業力、すなわちお客さんの要望を汲《く》み取り、期待される「アウトプット」を出し、良い関係を維持する能力が必須になります。これは、リアル空間であろうが、デジタル空間であろうが同じです。人さまの気持ちが分からない人はノマドになるのは難しいのです。

人と話すことが苦手でも、要件定義書（顧客の要望をまとめた書類）やオンラインでの依頼から「相手は何が欲しいのか」を読み取って理解できなければなりません。それができない人には、よほど特殊な技能がない限りは仕事の依頼が来ないのです。

また、最初は自分を売り込む必要もありますが、お客さんとの信頼関係が築かれれば、あとは自然に依頼が来るようになります。ずいぶん長くやっているのに、一年中営業しているようなコンサルタントやライターや開発者は信用してはいけない、ということになります。

優秀な人であれば営業などしなくても、仕事は自然にやってくるのです。

自分で考え、生み出すのが好きな人に向いている

うちの家人は「ノマド的な働き方」をしている大学教授です。

毎日は大学に行きません。行くのは会議があるときや授業があるときだけです。試験の採点や論文の執筆、世界中に散らばっている共同研究者との研究は、すべてネット経由です。授業の一部はネットのみで行います。

会議や対面の授業があるとき以外は、ネットさえあれば世界中のどこでも仕事が

できます。仕事の細かいあれこれを他の先生方に指導されることはありません。定期的に行われる業績評価で「論文を何本発表した」「学生を何人指導して、そのうち何人は博士号を取った」「大学改革プロジェクトをいくつやって、こういう成果が出た」と報告すればよいのです。成果さえ出せば、あとは自由です。ミーティングを何回やろうが、書類を何枚書こうが関係ありません。

このように自由度は高いのですが、問題は「孤独」なことです。

普段は一日中家にいます。同僚のほとんどがノマド的な働き方をしていますので、大学に行っても同僚に会えるわけではありません。学生さえも世界中に散らばっているので、外国にいる学生とは対面で会うことはありません。

人と会うことが少ないので、新しい人に出会うチャンスや、同僚や上司に助けてもらえる機会は限られています。何か問題が起こったり研究に行き詰まったりしても、自分で解決しなければならないのです。飲み会などもありませんので、始終人となれ合っていたい人には向かない仕事のやり方です。

私の知人や友人にも、自宅で仕事することの多いフリーライターさんや、フリーの編集者さん、漫画家さん、プログラマーの方などがいます。スタッフと仕事をしている人もおられますが、ほとんどの場合、孤独に耐えながら、自分ひとりで仕事をしています。周囲の誰にも相談できないので、自分がやっていることが正しいのか、と不安になることもあるようです。また事務処理やパソコンの問題などがあっても、家に事務担当の人がいるわけではないのでひとりで解決しなければなりません。

先日も、家で仕事をしている知り合いの漫画家さんが、経費の処理方法が分からず、税務署に行ったり、会計士さんに聞きに行ったり、ネットで調べたりと、大変な労力を使って事務作業をしなければならなかった、という話を聞きました。一人親方ですから、経費の処理や、臨時で来てもらうアシスタントの給料計算だって自分でやらなければなりません。常勤で経理の人を雇うほどの余裕はないからです。（人をひとり雇うということは、それだけ売り上げを増やさなければならないので、大変なことなのです）。これが会社であったら、出張の交通費や書籍を買った領収書をポンと経理部に投げておけば、知識のある経理担当の人がさっさと処理をしてくれるわけですから、なんと楽なことでしょう。

このように、「オフィス以外でも仕事をする」という意味のノマドになる人は、自分で何でもやり、自分で考え、自分で何かを生み出す作業が好きな人が向いているのです。

寅さんはノマドのプロ!?

ノマドの世界は、例えるなら、宮大工や畳職人の世界です。身内に職人がいる人は知っていると思いますが、職人は口もきかずに一日中黙々と仕事をやります。しゃべっていると親方に怒られますし、大体おしゃべりな職人は仕事がうまくありません。これは大工さんに仕事を頼んだことのある人はご存じでしょう。ちょっと寡黙な職人気質の人や、ひとりでいても苦にならない人が向いています。何でも人に頼りたい人、人となれ合っていたい人には向かないのです。

ノマドというのは「自分商店」状態ですから、周りは皆ライバルです。個人個人が独自のラーメンを出す屋台をやっているようなものです。似たような商品を売る屋台は競争しますから、お互いに相手の手助けなどはしません。「秘伝のスープ」のネタを明かすなどもってのほかです。自分の仕事のノウハウやスキルなどは簡単に教えないのです。

自分で自分を管理しなければならないため、だらしのない人にも向きません。その分かりやすい例が「寅さん」です。寅さんは年金も税金も払っておらず、困ると身内にたかります。周りも皆貧乏ですから一年中大げんかをしていますが、実は仕事に関しては「プロ」のようです。ひとりで遠くまで出かけて行って、縁日がある場所を探し出し、他のテキ屋の親方たちと出店を出す場所を調整し、売れそうなインチキ商品を仕入れ、口上を自分で考えて商品を売ります。映画の中で仲間に手助けしてもらっているシーンは見たことがありませんので、ビジネスに関しては、実は真面目に取り組んでいるのでしょう。仕事がなくなると、お寺や豆腐屋や旅館で住み込みのアルバイトをやり、病気とも無縁のようです。案外自己管理はできている人物なのです。

日本のノマド志望の若者たちは、やたらと交流会や共同スペースで「なれ合い」たがりますが、実務に入ると作業はひとりでやる孤独なものです。孤独に耐えられない人は、ノマドにはなれません。なれ合いが大好きだったり、人に助けてもらうのが当たり前と思っていたり、自分に対する厳しさがない人は、ノマドになるのは無理だと思った方がいいでしょう。

第4章

社畜とは何か？

社畜は奴隷か

前章までは「ノマド」について書いてきましたが、この章では「社畜」について考えたいと思います。まず、社畜という言葉の定義ですが、藤本篤志《あつし》さんの『社畜のススメ』という本での定義を要約すると、「会社に言われれば何でも愚直に言うことを聞く、奴隷のようなサラリーマンであり、会社の歯車」ということになります。また、日本ではニートでしたが、一念発起して海外留学し、海外就職されたブロガーの「海外ニートさん」の定義を引用すると、次のようになります。

> 自分のブログでいうところの「社畜」とは、一介の雇われの身なのに何を勘違いしたのか経営者視線でモラル的、法律的にも間違った価値観（サビ残、休日返上当たり前。有給を使わせないなど）を押し付けて来るような連中を指します。会社の間違ったやり方に加担して、本来は同じ立場であるはずの労働者の権利を奪う側に回っている人たちや、「俺らがこんなにキツい思いしてるのに楽するヤツがいるのが許せない！」って感じで協調性（と言う名

社畜のススメ
藤本篤志［著］（新潮社、2011年）
賢く確実に成長する方法とはなにか？ 組織で働くとはどういうことか？「社畜」について考察しながら、現代サラリーマンの正しい戦略を指南する。

の同調圧力）や、不幸の横並びを強要して来る人たちの総称です。💻

藤本さんや海外ニートさんの定義を合わせると、会社員は本来「会社に雇用されている人」、つまり「使用人」なのですが、日本で言われている「社畜」というのは、雇用者に言われたことを、何も考えずにこなす歯車のような人で、その上、ただの使用人であるにもかかわらず、「自分は経営に責任がある」と思い込み、合意された以上の仕事を無料でやってしまう愚直な人、のことを指します。つまり、労働の本来の姿をよく考えずに「部品の一部として一生懸命やらなくちゃいけない」と思い込んでいる「思考停止型」の人を指すのでしょう。

英語圏にも「社畜」に該当する言葉があります。corporate slave（企業の奴隷）と呼ばれます。ただし、そもそも日本のようなメチャクチャな働き方や、契約を無視した仕事のやり方はしませんので、定義が日本とは少々異なります。英語の俗語を定義しているUrban Dictionaryというサイトでは、「会社で延々と仕事をする人。会社の偉い人たちは、この奴隷たちの仕事を面倒くさくする決まりを作る以外は何もしない。企

サビ残
サービス残業のこと。正規の賃金が支払われない時間外労働の俗称。
💻 オーストラリア流、超リラックス子育てで「ハッピーな親」を目指す “海外ニートさんへのインタビュー４”
http://ameblo.jp/helpinghand/entry-10616500735.html

業の奴隷を見抜くのは簡単だ。常に働き過ぎで、十分な給料をもらっていなくて、十分感謝されてない人間特有の空虚な目をしている」「企業を肥《こ》え太らせるだけなのに『これってクール』と思い込んで最新グッズを買いあさるバカ。バカ国家の代表連中の99・67%が、自分がバカだってことにすら気がついてない」となります。💻

つまり、会社で延々と仕事する空虚な目のサラリーマンと、何も考えずに企業の宣伝に乗って物を買ってしまう思慮の浅い消費者のことを指します。さらに、収入はそこそこあるが、住宅ローンや借金に縛られたサラリーマンのことを指すこともあります。次の「企業の奴隷クイズ」を見てみましょう。

「企業の奴隷はどの人?」

(A) 私は45歳で年収は2200万円、9000万円の持ち家があり、
車が2台に220万円のカードローンがある。

(B) 私は30歳で良い会社に勤務していて年収は450万円。
30年の住宅ローンを組んだ2200万円の持ち家があり、子供2人に犬が1匹、

💻 **Urban Dictionary “corporate slave”**
http://www.urbandictionary.com/define.php?term=corporate%20slave

💻 **AfroDaddy.com “Are You a Corporate Slave? Take This Simple Quiz”**
http://afrodaddy.com/The-AfroBlog/are-you-corporate-slave-take-simple-quiz

カードローンは270万円。
（C）私は22歳で大学を出たばかり。学資ローンが360万円。
（D）僕は19歳、NBAにリクルートされて4億5000万円の契約金で3年契約にサインしたばかりさ。現金で6700万円の家を母親のために買い、30年ローンを組んで4億5000万円の家を自分のために買った。
（E）私は18歳で無職。カードはないし貯金もないわ。

■AfroDaddy.com "Are You a Corporate Slave? Take This Simple Quiz"

皆さんお分かりでしょうか？　正解は（A）さんと（B）さんです。え、どっちも収入が多いし良い仕事があるから社畜ではない？　よく見てください。どちらも住宅ローンとカードローンを抱えているので、いきなり仕事を辞めるわけにはいきません。一番悲惨なのは（B）さんです。家族がいるから絶対に逃げられません。死ぬまで負債を返済し、家族を養う社畜中の社畜です。

（C）さんは住宅という大きな負債がないのでまだマシです。360万円ならマグ

NBA
全米プロバスケットボール協会（National Basketball Association）の略称。

ロ船に乗るか、風俗で働けば何とかなります。(D)さんは若くして大金持ちなのでお金に困ることはないでしょうが、3年間は契約で縛られていますので、一時的な奴隷と言えます。

ちなみに、勝ち組は(E)さんです。なぜ無職の(E)さんが勝ち組か？ だって他人様のお金(福祉)に頼りながらお気楽な生活を送れますからね。うるさい上司、怒る客、鬼のような通勤電車とは無縁です。

そこの社畜の皆さん、何が社畜で何が勝ち組か、よく考えましょう。稼いでいるから、良い会社に勤めているから社畜ではないぞ、と思ったら大間違いです。今の生活から逃げられないというあなたは、「金の手錠」をはめているようなものなのです。

つまり、日本ではそもそも契約に沿った働き方が普通ではないので、企業に物申さずに淡々と働き、自分の立場を勘違いしてしまっている人を「社畜」と考える一方、英語圏では労使の関係がはっきりしており、雇用契約に沿った働き方は当たり前、ただし、誰かに雇われていて、金銭的な自由がない場合は「企業の奴隷」ということになります。また、英語圏の定義では、働き方だけではなく、金銭が企業を肥え太らせる点にも注目しているところが面白いですね。

「社畜は悲惨か？」と聞く人がいますが、誰かに雇われていて、経済的な自由や保障がない状態、やりたくないこともローンや生活費のためにやらなくてはいけない状態では、日本の定義でも英語圏の定義でも、悲惨に違いありません。しかし、悲惨度は日本風の社畜の方が高いでしょう。何しろ、そもそも雇用契約なんか無視した状況で仕事をしなければならない上に、ローンもあるのですから。そのローンで買った家だって、中古になった途端に資産価値が下落し、下手をしたら地震や津波で流れてしまうかもしれないのです。これを「幸せだ」という人がどこにいるでしょう。

無言の圧力による相互監視

北米やイギリスなど英語圏の人々は、ローンや生活費に縛られるだけの社畜なので、生活は悲惨かもしれませんが、一応契約以上のことをやれとは言われませんし、ひどい労働環境だとすぐに裁判で訴えますので、恐ろしく過酷な仕事を強いられることはありません。そのようなことは、**産業革命**のころや奴隷制度があった時代の話です。今や時代はすっかり変わり、無理なことを要求する会社や経営者はどんどん罰せられるようになっています。国も、あまりひどいことを従業員に強いる会社ばかりでは、病気になる人は増え、海外から優秀な人材が来なくなり、自国の企業の評判が悪くなるわ、医療費は増えるわ、家庭は荒れるわで、良いことは何もありませんので、そういう悪い会社を処罰する方向です。莫大な賠償金を請求して、会社名を公表してさらし者にします。それが当たり前なのです。

イギリスで「海の向こうの日本ではこうなっている」と言うと、「日本は今時、何を言っているんですか」と、びっくりされる方が大勢います。日本ではいまだに過労死したり、会社でイジメに遭ってうつ病になったり、休暇が取れないのが当たり前で、父親の育児休暇、養子をもらいに行くための休暇、不妊治療のための休暇などというものはありません。

なぜ日本はこのような状態になってしまっているのでしょうか。私は、国の規制が弱いために経営者側がそれを悪用している面もあると思うのですが、最大の問題は、

産業革命
18 世紀後半にイギリスから始まった、技術革新による産業構造の変化および経済発展のこと。市民革命とともに近代化の始まりともいわれる。
五人組
江戸幕府が町村に作らせた連帯責任の組織。近隣の 5 戸を一組とし、互いを双方で監視するシステムとなっていた。

やはり「無言の圧力による相互監視」だと思うのです。その点に関して、海外ニートさんがかつてブログに大変素晴らしいことを書いておられました。

現在の劣悪な労働環境が変わるにはやはり多少の時間は掛るとは思います。正面から強行突破（ストや暴動など）が出来れば言うことないですが、日本人はそういうのは最後までやらないでしょうし。江戸時代の**五人組**じゃないですが、被管理者（被雇用者）による相互監視を自発的にさせるという会社に都合の良過ぎるシステムが機能している限りは、劣悪な労働環境に対して１人で刃向かっても異端児扱いされて村八分に遭うか、クビ切られるのがオチなので、地道な「啓蒙活動」で思考停止に陥って日本の劣悪な労働環境に何の疑問も抱かない人たちの目を覚ましていきたいです。日本の労働環境は間違いだらけなんだと。１人でも多くの社畜が目を覚ますことが、自分たち「非社畜の隠れキリシタン」の使命ですね。やがて隠れなくても良い日が来ることを願って。💻

海外ニートさんの書いておられることはまっとうで、私も１００％賛成です。まと

💻 **オーストラリア流、超リラックス子育てで「ハッピーな親」を目指す**
“海外ニートさんへのインタビュー４”
http://ameblo.jp/helpinghand/entry-10616500735.html

もなことを言っておられたのに、さまざまな嫌がらせや、身の危険を感じるほどのことがあり、ブログを閉鎖されてしまったというのは本当に残念です。日本ではまっとうなことを言う人、勇気を出して正しいことを言う人が、こうやって攻撃されてしまいます。これぞ、相互監視が働いており、「出る杭《くい》が打たれる」という醜い日本の実態ではないでしょうか。

海外ニートさんに嫌がらせをした方々は、自分の情けない境遇やつまらない仕事の憂さを晴らしたかったのでしょう。自力で海外に出て楽しくやっている海外ニートさんが許せなかったのでしょう。なんと情けないことでしょうか。そんなマイナスの感情を持たずに「どうしたら海外ニートさんみたいになれるだろう」と考えて努力するなり、より良い職場に転職するなり、起業するなりすればよかったのです。時間は有効に活用しなければなりません。人を妬《ねた》んだり、嫌がらせをするのは時間の無駄です。こういう閉鎖的な考え方が自分たちの首を絞めることになり、その結果が悲惨な社畜労働なのです。

日本のタコ壺化した会社

日本で社畜になることの最大の問題点は、言われたことだけをやり、会社の一部として歯車的なことしかやらないので、自分で考える力や発想力が身につかないということです。言われていることだけをやっていたら、何も考えなくなります。脳は足や手の筋肉と同じで、使わなければ衰えるのです。何年も何年も、上司に言われたことを鵜呑《うの》みにして同じことばかりやっていたら、本当にボケてしまいます。そうなると、何が怖いかというと、例えば市場の環境が急に変化して会社の体制が変わったり、会社が倒産してしまった場合、違う仕事に適応したり、別のことをやることができなくなります。そうならないように、普段から言われた仕事でも「こうやったら面白い」「この文章、バカなことが書いてあるな〜。オレならこう書き直すのに」「部長の言っていることは間違っているから、自分がそれとなく正しいやり方を教えよう」など、いろいろと考えながら工夫して仕事するとよいのです。そうすれば毎日飽きませんし、たとえ社畜であっても、毎日に張り合いが出て楽しくなります。仕事を楽しくするのも、つまらなくするのも自分なのです。

さらに、日本の会社の怖いところは、それぞれの組織が「**タコ壷《つぼ》化**」していることです。これまでは大手企業でも、系列会社でみっちりとつながり、社員が同業他社や他の業界へ転職することはまれでした。従って、組織によそ者が入ってくることもなく、他社のやり方を取り入れるということがないため、それぞれの組織独自のやり方が出来上がってしまっているわけです。これは中小企業でも、大体同じです。中小企業の場合は、大企業よりも転職する人は多いかもしれませんが、それでも縄張り意識のようなものがあるので、「他社のやり方はいいな」と、転職してきた人のやり方を採用したり、他社のアイディアを活用するということは、先進的で開放的な組織は除いて、多くはないでしょう。

つまり、日本ではその組織独自のやり方を究めれば究めるほど、他社では通用しない人材になってしまうのです。何年間も言われたことだけをやって、外のやり方を学んだり、違うやり方を考えたりせずにいると、どんどん使えない人になってしまうわけです。独自のやり方というのは、例えばその組織でしか通用しない略語を会議中に

タコ壷化
外界との接触が少なく、狭いコミュニティーにいる状態を表す。

多用する、申請書や手順書が外部の人にはまったく意味不明な文章で書いてある、オンラインシステムがあまりにも複雑なので外部の人にはさっぱり分からない、文書化されていない社内ルールが大量にある、どこにも書いていないのに根回しの手順が決まっていて、それを破ると有力者の機嫌を損ねて仕事が進まなくなってしまう、決済の権限が文書化されておらず、外部の人には意味不明、その組織独自の**プロセスフロー図**や要件定義書があり、他社では一切通用しない、などです。

英語圏は仕事のやり方が標準化されている

こうした問題を、英語圏の企業や、日本にあるアングロサクソン系の外資系企業で働いたことがある人は十分認識しているのではないでしょうか。そういう組織では、人が転職して移動することが当たり前ですし、経営者自身もごっそり入れ替わってしまうことがあります。人が入れ替わると、他の組織でやってみてうまくいった方法や、自分が良いと思う方法を試したりするので、いくつもの組織のやり方が混じり、同じ

プロセスフロー図
業務の流れを図式化したフローチャートのこと。

業界だと、どこの組織に行っても大体似たような仕事のやり方が標準化されています。組織による違いは、そうしたやり方が営業努力により効率化されていたり、アプローチが違ったりする点です。

また、英語圏の組織やアングロサクソン系の外資系の会社は、大きな改革をしたい場合や、どこかがうまくいっていない場合には、外部のコンサルティング会社や専門家を入れて、仕事のやり方を大胆に改革します。その場合、業界で標準化されたフレームワーク（組織の体制や仕事のやり方などの仕組み）を導入するので、仕事のやり方がその業界で広く使われている方法に変わります。数多くの組織で試されて成功したやり方の方が効率が良いし、誰か新しい人が来てもすぐに仕事に馴染んでもらえるので、経営者としてはお金がかかってもその方が楽なのです。

しかし、日本の企業ではそういう改革をやりませんし、人が移動することも多くはありません。さまざまな組織の知識ややり方がガラガラポンとミックスされないわけです。そうして、タコ壷化した組織で延々と仕事をしていると、ますます外に出られない人になってしまうのです。

ユニークなアイディアを生み出したり研究開発する点では、組織のタコ壺化は有利かもしれません。また、人が移動しないという前提であれば、余計なコミュニケーションも必要ありませんので、同じやり方をやっていても問題はないのかもしれません。しかし、世の中がこれだけ急速に変化し、会社もどうなるか分からない中では、タコ壺の中で何年も時間を浪費することは無駄だとしか思えません。自分を次の職場にいかに高く売り込むかを考えた場合、一円にもならないようなその組織独自の用語や仕事のやり方を覚えることは、得にならないばかりかリスクの高いことなのです。

労使関係があいまいな日本

次の日本風社畜の問題点は、労使関係の混同です。つまり、雇う側と雇われる側をごっちゃにしてしまう。社畜である以上は勤め人、お金で雇われている人に過ぎません。会社が潰《つぶ》れようが儲かろうが、それはあなたひとりの責任ではないのです。それは経営する人の責任です。そういう風に割り切って考えないので「ああ、オレが働かないと、会社の未来が……」と勘違いして、毎日毎日夜中まで残業してしまうのです。考えてみてください。あなたの勤めている会社には何人の社員がいますか？　社員が3人とか10人しかいない会社なら仕方がないかもしれませんが、例えば3万人もいる会社なら、あなたが多少頑張っても何も変わりません。それに、無理をして頑張っても、感謝してくれるのはせいぜい周囲にいる同僚や上司くらいです。その上司だって、あなたのことが大嫌いかもしれません。家ではステテコ姿で股をぼりぼり掻《か》きながら「死ね、このゴミが！」と叫んでいるに違いありません。

このように労使関係があいまいな上、日本では雇われた人それぞれの目標や特性、役割、達成した事などもあいまいです。要するに、経営者に都合が良いわけです。常に「経営者と働く人は一心同体！」と言っておいて、各自の成果物はあいまいですから、経営者が失敗してもごまかしますし、優秀な人がいても成果はあいまいにして適切な報酬を支払いません。誰が何をやったか、微妙に分からないようにしておくため、できる人には仕事が集中するわりに給料は上がらず、バカはクビになりません。資本主義の皮を被った腐った共産主義です。こんなのは**プーチン閣下**だってびっくりです。

プーチン閣下
ウラジーミル・プーチン。第４代ロシア連邦大統領。
（在任 2000 年〜 2008 年、2012 年〜）

一方、日本で社畜になるのにも利点があります。まず、滅私奉公が基本なので、「私生活を犠牲にしています」とアピールさえしておけば、上司や同僚の受けは良いわけです。あの人頑張ってるっぽいから仲間にしよう、仲良くしておこうと思う人が大勢います。その人の仕事が優れているとか、いくら稼いだかじゃないんです。葬式とか引っ越しを手伝ったり、旅行の土産を配ったり、宴会を盛り上げていればいいんです。それで済んじゃうんです。実は楽なんです。ノリを合わせて仕事以外のことをやっていれば許されてしまうから。その一方で、その部署は稼げないバカばっかりで、唯一稼げる人にほとんどの人が給料を払ってもらっている状態だったりします。葬式を手伝っているバカの方が可愛がられていたりするんです。そんなのはバカらしいとしか言いようがありません。できる人には何のメリットもないのです。

次の利点は、何でもあいまいなので、バカでも仕事ができなくてもばれない点です。「誰々さんが何をどのくらいやりました」なんて、相当厳しい製造業や証券会社、先物取引やねずみ講の会社など以外では厳しく追及しませんから、できなくても怒られません。クビになりません。給料下がりません。なぜそれをやらないか？　それは管理職や経営者が自分の無能を隠したいからです。部下にもやるとなったら、自分たちだって成績を公開しなくちゃなりません。それはやりたくないんです。はっきり言ってずるいんです。

さらに、日本の社畜にとって会社は疑似家族、「疑似村」ですから、そのつながりはオンラインゲームの同じパーティーの仲間以上に強固です。だから、失敗しても誰かが助けてくれたり隠してくれたりします。ある意味では優しいとも言えますが、要するに歯車がギシギシしたら困るからです。大事なのは結果じゃなくて、ギシギシしないこと、つまり調和なんです。調和は美しい？　そんなことはありません。悪いことは悪い、間違いは間違いと明確にしておかないと、後に大事故につながったり、巨大な不正が起きてしまったりするんです。よく考えてください。社畜たちが調和を重視した結果が、東日本大震災の**復興予算の不正使用**だったり、原発に**老朽化した機器**が使われてしまった原因ではないですか？

また、こういう「調和の重視」という美名の下には必ず犠牲になる人がいます。それは通常、真面目で人が良く働き者の人物です。そしてたいてい、それは経営者や管

復興予算の不正使用
東日本大震災の復興予算が、被災地と関係のない企業への立地補助金や全国の官庁舎の耐震対策など、被災地復興の目的以外で使用されていると批判された。

理者ではありません。ずるい経営者や管理者はいったん何か問題が起こると、このような真面目な人に罪をなすりつけ、「○○君を助けよう」という美名の下に、別の真面目な人を犠牲にするのです。

私が知っている例では、ある製造業の会社でリコールが出てしまいました。その会社の製造している機械の重要部品から発火するという大事件で、その問題は海外にも広まり、何万台もの機械を回収する騒ぎとなりました。問題となった部品を研究開発したのは、ある日本のチームでした。開発には何百人ものスタッフが関わっていました。しかし、部品の不具合の原因は製造側にある可能性があり、開発側の問題ではなかったかもしれないのです。

ところが、開発チームにいた正義感の強いある人物に目を付けた経営者は、その人に責任をなすりつけ、彼を窓際の仕事に追いやってしまいます。本人も開発に関わった人たちも、その人の責任ではないということは分かっていました。しかし、彼は「会社は家族だ。オレは部下を守らなくてはならない」と、罪をすべて背負ってしまったのです。その人が閑職に追いやられると、かばわれたチームや部下たちは、本人の予

老朽化した機器
事故を起こした福島第一原発の1～4号機は、運転開始から30～40年の古い原発。原発の寿命は30～40年とされていたが、電力会社は原発の老朽化を認めず「高経年化」と呼び変えて、最近は60年間の運転継続を想定している。

想に反して、まるで何事もなかったかのように知らんぷりを決め込みました。しょせん会社は会社に過ぎず、調和さえ保たれれば後はどうなってもいいという人がほとんどなのです。責任を負わされた人はその数年後、大きな病気にかかり、ひっそりと引退していきました。

海外のサラリーマン事情

一方、日本の外では会社における労使の関係はドライです。日本との違いがよく分かるのが、最近の中国です。中国では2010年以降、各地で労使紛争が勃発しており、中国で仕事をするのはますます難しくなっていると言う人が少なくありません。

最近の目立ったケースでは、**王子製紙**の例や、2010年には**南海ホンダ**など日系の自動車メーカーに対して80件以上ものストが発生し、日本企業が大連市当局に労働争議への介入を要請するなどの異例の事態となりました。ストが起こった原因として、日本企業のコミュニケーション不足や、現地への権限の委譲不足が指摘されています

王子製紙
中国江蘇省南通市にある同社の工場排水が環境汚染を引き起こす恐れがあるとして、2012年7月に住民1万人以上が抗議デモを行い、大規模な暴動になった。
南海ホンダ
中国広東省仏山市南海区にある部品メーカー「ホンダ自動車部品製造」で2010年5月にストが発生し、その流れは中国全土に連鎖した。

が、コミュニケーション不足の背景には「日本と同じように仕事していれば平気だ」「言わなくても分かってくれるだろう」という思い込みがあったかもしれません。💻

中国の厚生労働省に当たる中国人力資源部の発表では、中国での労使争議は2005年の40万件から、2010年にはなんと128万件に増えています。日本の厚生労働省によれば、日本における2009年の労働争議はたったの780件です。💻

つまり、中国の労働争議の件数は日本のなんと1600倍にも上るわけです。中国は日本に比べると、国土が広大で人口も多く、産業もまだまだ成熟していない上に労使関係も異なるとはいえ、20年前に比べれば大分豊かになっています。労働争議の件数が日本の1600倍というのは、やはり文化的な違いが根本にあることは明らかです。

確かに中国では、雇われ人がさらに高い給料やポジションを求めて転職するのは当たり前ですし、日本の感覚でのサービス残業はしません。労使の関係がはっきりしているので、「従業員も家族」というような感覚で仕事をしていると寝首をかかれること

💻 **DIAMOND online“中国スト頻発で露呈した日系企業が抱える「難題」”**
http://diamond.jp/articles/-/9293
💻 **厚生労働省“平成21年労働争議統計調査結果の概況”**
http://www.mhlw.go.jp/toukei/itiran/roudou/roushi/sougi/09/dl/index_09.pdf

があります。私は半年ほど中国大陸に住んでいたことがあり、中国大陸出身の友人も何名かいるのですが、どの人も向上心が強く、常に次のポジションや、儲かる機会を狙っています。また、人に雇われるよりも自分が親方になりたい、という人が少なくないのです。

中国と同じく、インドやブラジルのような新興国、さらに訴訟大国のアメリカやイギリス、イタリア、ドイツでも、労使の関係は日本の組織に比べると本当にはっきりとしています。

例えばイギリスの場合は、1970年代までの企業には家族的な雰囲気がありましたが、**サッチャー元首相の改革**でイギリスの産業が製造業中心から金融中心のサービス業にがらりと変わり、組合がつぶされ、外国人労働者が増えると、労使の関係は以前よりもドライになりました。階級社会のイギリスでは、それ以前から資本家と労働者というのは住む世界も文化も違いましたが、仕事は組合に守られており、イギリスという国自体に手厚い福祉などの社会主義的な仕組みがありましたので、ずいぶんのんびりとしていたのです。

サッチャー元首相の改革
サッチャー（p.101）は、新自由主義に基づいて、国有企業の民営化や規制緩和、金融システム改革を掲げて断行。改革の障害になっていた労働組合の影響力を削ぎ、所得税や法人の大幅な税率の引き下げを実施した。

ところがサッチャー改革で競争が促進されると、ドライな人が増えました。雇用法が変わり、どんどんリストラをやるようになります。また、労働者側も経営者側のすきをついて企業や経営者をどんどん訴えるようになりました。いつクビになるか分からないので、会社への帰属心もなくなりました。一方で、組織を移動する人は増え、外国人も増加したことで、アメリカや新興国に比べればまだまだのんびりしているものの、働く人同士が競争するようになります。こうしてイギリスの産業は息を吹き返します。

日本に長期出張して滞在していたドイツ、フランス、イギリスの知人たちは、日本の労使関係はまるで1950年代のヨーロッパのようだと言います。人は転職をせず、契約や役割もあいまいで、なんだか古き良き時代のような感じがすると言うのです。ただし違うのは、日本は労働者自身が自らも経営者のようであるべきだと考えている点だと言います。試しに、その友人たちに前述の『社畜のススメ』の一部を翻訳して説明したところ、「不思議な内容だ。日本はいまだにこんな話をしているのか。グローバル化の時代こそ、個性や新しいアイディアが必要だ。もちろん組織のルールに沿って仕事をしたり、ボスを立てることは必要かもしれないが、組織に新しい考え方を提供したり、自分独自の視点やセンスで仕事を作り出すことこそ、雇われるにあたっての付加価値であるし、大事なことではないか」と首を傾《かし》げていました。

これからはノマド的な社畜であれ！

日本でも、少し前までは安泰だと思われていた大企業が倒産しかけたり、大規模なリストラを行うなど、先行きの見えない時代になっています。そんな中で、「ノマドにはなれない、しかし社畜も嫌だ」という人はどうすればよいのでしょう？ 自己啓発本を読んでいれば問題は解決するのでしょうか？ 私がお勧めしたいのは、社畜として会社から給料をもらいながら、ノマド的な雇い人になることです。つまり、「自分商店」になれ、ということです。

会社に勤める社畜であっても、日々の仕事を工夫することで、自分らしい個性を出すことが可能です。例えば、仕事を処理する流れをフローチャートに書いて周囲と共有する、報告書の見せ方を工夫する、同じ業界や他の業界で行われている方法を研究して取り入れてみる、などです。この分野ならあなた、と言われるプロになるわけです。その分野が他の組織に行っても汎用性のある分野であれば、鬼に金棒です。転職してもきっとうまくいきます。常に創意工夫を積み重ねることで、自分らしい付加価値を仕事の中で見つけていくのです。大事なのはそれを毎日続けていくことです。何事にも近道や楽な道はありません。そして諦めてはいけません。諦めたらその時点で終わりです。お金をもらいながらいろいろ工夫する体験もできる、しかも失敗しても路頭に迷うわけではないのですから、社畜というのは誠に恵まれた身分です。

会社がつらいなら、お金をもらって「つらい体験をする修行」に来ていると思いましょう。仮に将来ノマドになった時に、サラリーマンのつらさを知っているのと知らないのとでは、仕事のやり方に大きな違いが出ます。ノマドになっても相手にするのはサラリーマンのお客さんなのです。社内の稟議《りんぎ》を回すのに時間がかかる、物分かりの悪い上役がいる、根回しが大変だ、社内の権力抗争がある、ということを知っておくことは実は重要なことです。

また、会社の内規で問題がないのであれば、ネットやリアルの空間で、同業他社の人や海外の人を探して友達になり、いろいろと意見交換するのもよいかもしれません。飲み会で飲んだくれたり愚痴を言いまくるのではなく、「こんな課題があるけど、どうかな」「これ面白くないですかね?」と議論してみるのです。社内の人とはまったく異なったアイディアが出てきたりするので、たくさんの刺激を受けることができるでしょう。

ノマド的な社畜であれば、会社が傾いてもクビにはならないでしょうし、会社がどこかに買収されたり倒産したりしても、きっと次の仕事があるはずです。うまくいきそうなら、自分で仕事を始めればよいのです。

ダブルワークの勧め

会社の中でノマド的に働くのもよいですが、企業に勤めながら実際にノマド的な仕事をしてしまう方法もあります。つまり「兼業しましょう」ということです。会社によっては兼業を禁止しているところもありますが、兼業を認めている企業も結構ありますので、会社に行きながら何かやってみるのもよいかもしれません。

例えば、料理が得意な人であれば、料理のブログを作ってレシピを発表し、それをまとめて電子書籍で売ってみるのも面白そうです。ソフトウェアを開発できる人なら、何か人の役に立ちそうなソフトウェアを作ってApp Storeで売ってみてもよいですし、経理のできる人であれば、どこかの個人商店の経理のお手伝いをやってもよいでしょう。また、手先が器用な人なら、自分の手作りグッズを作ってネットで売ってみる方法もあります。

私の知人には会社員をする傍ら、自分がバイクが好きで溶接や**旋盤**《せんばん》が得意なので、ビンテージバイク用の部品を作って売っている人がいます。会社の仕事の邪魔にはなりませんし、お客さんと交流することで新しい友達もできる上、ちょっとしたお金も入ってくるので（あまり儲かってはいないようですが）一石二鳥だそうです。人ともうまくコミュニケーションをとれるようになり、また、ネットで物を売った知識や、販売用に画像を編集したスキルは本業でもずいぶん役に立っているようです。

旋盤
工作物を回転させながら、工具を当てて削る工作機械。

別の知人は、本業はバスの運転手さんですが、ヨットが趣味なので、ヨットを買って、自分が乗らないときには人に貸しています。生計を立てるほどの収入にはならないので、あくまで趣味の延長ですが、ヨットを貸したお客さんと仲良くなって一緒に出かけたりと、なかなか楽しそうな生活を送っています。

このように、本業以外に何かちょっとしたお金になる仕事を持つと、生活に張り合いが出ますし、「いざとなれば、ほかの道もあるんだ」という自信もつきますので、会社の雇用契約や内規で問題がないのであれば、挑戦してみることをお勧めします。

第5章

競争社会を生き抜くために

会社員のノマドワーキングを可能にするインフラ

ノマドに関する厳しい現実を書いてきましたが、ノマドのもうひとつの側面、つまり、会社員が企業に所属しつつ、オフィスにとどまらず、さまざまな場所で柔軟な働き方をすることには、私は賛成です。その理由は2つあります。

まず、日本には十分なインフラがあり、そうした働き方を可能にする環境が整っている、という点です。

インターネットを使ってさまざまな場所で働くためには、電力が安定していることと手頃な通信インフラの存在が必須です。日本の電力と通信インフラの安さと安定性は、おそらく世界一のレベルです。光ファイバーが全国に行き渡っている国は先進国でも多くはありません。無線通信の品質も、日本は大変高いのです（これは他の先進国に行ってみれば、日本の品質がどれほど高いかがよく分かります）。電力に関しては停電などがなく、安定供給が当たり前です。住宅は他の国に比べると狭いので、その意味では在宅ワークには向かないかもしれませんが、それでもまったく仕事ができない、という環境ではありません。

遠隔ワークを可能にするツールやシステムの入手や設置も難しくはありません。企業は、誰も使わないような文書管理システムや、実はなくても仕事ができる人事管理システムなど、それほど重要ではないシステムに多額の費用をかけているのですから、遠隔ワークをサポートするシステムの導入は難しくないはずです。

今はコンピューターも安価ですから、企業が端末を用意することも可能ですし、ポリシー（決まり）や使用環境を整備できるのであれば、従業員が個人保有の機器を業務に使用するBYOD（Bring your own device／ビーワイオーディ）も可能かもしれません。イギリスでは、セキュリティーの厳しい金融業界ですら、BYODを推進している企業があります。

日本の将来を左右する「柔軟な働き方」

2点目は、日本の少子高齢化です。

ご存じの通り、日本は高齢化が急速に進んでいます。総人口に占める65歳以上の人口の割合は23％に達し、これは世界最高レベルです。高齢化が問題になっているドイツやイタリアでさえ、65歳以上が総人口に占める割合は20・4％です。お隣の韓国に至っては10％を少し超える程度です。一方で、将来働き手になってくれる15歳未満の人口は日本では13・2％に過ぎず、毎年低下しています。平成22年の国勢調査では、前回の調査に比べて4・1％も減ってしまっているのです。💻

このような日本の超急激な高齢化は、世界各国で注目を集めています。特に、日本が急増する高齢者のケアに必要なお金をどのように調達していくのか、高齢化する社会で出生率をどのように上げていくのか、世界中が関心を払っているのです。

高齢化が進めば、当然のことながら介護の必要なお年寄りも増えます。要支援・要介護の認定を受けている高齢者は平成19年度末で約440万人です。大体高齢者のうち15％ぐらいが介護が必要な人々なのです。平成13年3月末で256万人だった要支援・要介護者数は平成23年3月末現在で506万人となり、この10年間でほぼ2倍に増えているのです。💻

💻 総務省"平成22年国勢調査：人口等基本集計結果"
http://www.stat.go.jp/data/kokusei/2010/kihon1/pdf/gaiyou1.pdf#page=18
💻 厚生労働省"介護保険事業状況報告調査：結果の概要"
http://www.mhlw.go.jp/topics/kaigo/toukei/joukyou.html

２０５０年には日本の人口の40％が65歳以上のお年寄りになると予測されています。人口動態というのは、今の人口の年齢構成を元にしているため、戦争などよほどのことがない限り大きくぶれることがありませんので、この予測は大体合っているでしょう。

現在65歳以上の高齢者で、介護が必要な人が約15％です。これを、総人口の40％が65歳以上になったと考えてみると、実に総人口の6〜7％の人が要介護、ということになってしまいます。２０５０年に15歳未満の人口が総人口の13％程度だと考えると（実数はもっと少なくなるでしょう）、65歳以上で介護の必要なお年寄りの数が、15歳未満の子供の約半分ということになってしまいます。37年後の日本では、世の中全体で、子供の教育よりも高齢者の介護にお金が必要な世の中になっているかもしれないのです。

お年寄りがいったん介護が必要になると、その状態から回復することはまれです。老いるというのは、病気やケガとは違うからです。若いころは病院で治療すれば回復していくこともありますが、高齢者を待ち受けるのは死です。どんなお金持ちでも有名人でも、死から逃れることはできません。介護が必要になった人は、たいてい状況がどんどん悪化していき、人によっては最期は寝たきりになったり、ひとりでは何もできなくなってしまいます。

介護の必要なお年寄りの**要介護レベル**が軽度であれば何とかなるかもしれませんが、重度の場合には24時間365日に近い介護が必要になります。手頃な費用の公的介護施設は、数が足りないために入所は困難ですし、有料老人ホームは高額で手が出ない人がほとんどです。

自宅で介護する場合は、公的な介護サービスをフルに使っても、ヘルパーさんが一日に数回家を訪問してくれるだけですから、家族の誰かが面倒を見なければなりません。そのため働き盛りの人が、仕事を辞めて親の介護をしているという例が少なくないのです。

介護のために結婚できない、仕事ができないという人が本当に大勢います。これは本人や企業にとっての損失だけでなく、社会全体の損失でもあります。高齢化が急激に進む中で今のままの働き方を続けていたら、日本は働き盛りの貴重な労働者を失う

要介護レベル
その人の必要な介護量によって「要支援1～2」「要介護1～5」の7段階に認定される。「要介護1」は入浴時に衣服の着脱を手伝うなどの介護が一部で必要なレベル、「要介護5」は生活全般において介護がないと生きていけなくなるレベル。

だけでなく、介護する人たちも共倒れになってしまいます。

私の実家の父は「要介護５」ですから、この介護の問題は自分の問題として真剣に考えています。

私の友人のシステム開発者やデザイナー、映画関係の仕事をしている方の中にも、親の介護があるために、自宅でできる仕事に切り替えた方々がおられます。皆さんまだ30代です。本当は外でも働きたいのですが、柔軟な働き方を認める組織は少ないため、給料が減っても自営業の道を選んでいるのです。優秀な方ばかりですので、これは企業にとっても社会にとっても損失です。

その上、日本では少子化も急速に進んでいます。若い人たちが子供を産めない理由は、仕事との両立が難しいことや、養育費がないというのが原因のひとつです。子供が減った社会は活気がなくなり、生産性に大きな影響が出て、消費も減ります。子供の数は、国力と同じなのです。

他の先進国はこのことをよく分かっているので、柔軟な働き方を国が率先して進めたり、子供がいる人に補助金を出したりと、さまざまな工夫をしています。例えば、イギリスでは子供のいる人がパートタイムや在宅勤務などを希望した場合、職場はその希望を受け入れなければならない、という法律があります。職場で子供がいる人に嫌がらせをしたり、無理な勤務を押しつけたら「子供がいる人に対する人権侵害」として裁判になってしまいます。また、イギリスでは5歳で小学校に上がりますので、幼稚園に通う期間が他の国より短いのです。

経済協力開発機構（OECD）の統計によれば、イギリスでは子供のいる女性のうち66・5%が働いています。この数字は子供のいない女性とほぼ同じです。北欧諸国の70%には及びませんが、34%程度の日本の倍以上です。イギリスの働く母親の29%は常勤です。2013年には23%でしたので、常勤で働く人が増えているのです。💻💻

イギリスではかなり保守的な業界である金融業界や官公庁でも、子育て中は常勤からパートタイムに切り替えて働いている人や、在宅勤務をしている人が珍しくありません。子育てはお互いさま、自分だって子供がいる人も大勢いますし、家族が病気になる人もいます。自らも柔軟な働き方をしたい人が大勢いるのです。ですから、「お互いさま」という気持ちで、柔軟な働き方をする同僚をサポートします。仕事で子供

💻 **the guardian “Working mothers”**
http://www.guardian.co.uk/lifeandstyle/the-womens-blog-with-jane-martinson/2011/mar/31/mothers-working-equal-women-without-children
💻 **NationMaster.COM “Working mothers statistics - countries compared”**
http://www.nationmaster.com/graph/lab_wor_mot-labor-working-mothers

のいる人や、子供のいる人を支える人たちを見ていると、「お互いさま」という気持ちがいかに大事なものであるかを痛感します。

日本のように「子持ちだからダメだ」「子供ができたら退職しろ」ということはないのです。日本では自分に子供がいる人でも、他人を支えないので何とも不思議です。

フランスは出生率が２・１％と欧州で一番高いのですが、フランスでは子育てをする年齢である24歳から54歳の女性の80％がフルタイムで働いています。これは、乳幼児は優先的に費用が安い保育所に入ることができたり、国から支払われる補助金などの政府による手厚い保護が理由のひとつであると、経済協力開発機構（ＯＥＣＤ）は報告しています。フランスはＧＤＰの３・８％をチャイルドケアに費やしており、これはＯＥＣＤ加盟国平均の２・４％を大きく上回っています。こうした手厚いケアや女性就労率の高さから、ＯＥＣＤはフランスを「子供を持つには欧州で最適の国」だと報告書で指摘しています。💻

日本の国力を維持したいのであれば、早急に柔軟な働き方を進めていかなければなりません。これは、日本の死活問題だと私は思っています。そして最も大事なことは、

💻 RFI "Family policy keeps France top of Europe birth rate league"
http://www.english.rfi.fr/node/88199

経営者や管理職の人、個人事業者に仕事を依頼する人、病気の家族や子供を抱えた同僚のいる人たちが「お互いさま」の気持ちを忘れずに、お互いに協力し合うことです。足の引っ張り合いや嫌がらせ、イジメ、家族の事情や健康の問題がある業者に対して無理強いするなどは誰のためにもなりません。明日は自分の家族が突然事故に遭ったり、家が津波で流されてしまったり、自分自身が病気になるかもしれないのです。人さまへの情を欠いた行動は、絶対に自分に返ってきます。

柔軟な働き方を進めるには、国や企業による施策も大事ですが、何より大切なのは、働く人、個人個人の考え方なのです。日本に足りないのは、そのように「お互いさま」の心を持った人たちです。その人たちとは、自分のことなのです。

ノマドになりたい人がやるべきこと

企業に「雇われずに働く」という意味のノマドに関しては、私はフリーランスや個人事業者として仕事を継続的に取ってきて食べていける「能力」のある人にしか勧めたくありません。

前述したように、お客様の需要のある「能力」や「技能」がなければ、単なる低賃金の外注業者で終わってしまうからです。下手をすれば、派遣社員や契約社員よりもひどい待遇で働かなければなりません。ですから、突出した個性や技能がないのであれば、「勤め人」として、誰かに雇用されているべきです。

それでも「ノマドになりたい」という若者や学生さんには、以下のことを勧めたいと思います。

まず第1には、実際にフリーランサーや自営業者として最低5年から10年働いている人に話を聞いて、実態を知ることです。話を聞けばその大変さや、フリーランサーに必要な技能や能力などが、ある程度分かるでしょう。話をしてくれる人は多くはないかもしれませんが、頭を使ってツテを探してみてください。

第2に、フリーランサーや自営業者が「食べて」いくのに向いているスキルや技能を探し出して、身につけることです。これは業界によっても違いますし、時と場所によっても違いますから、十分な調査が必要です。探し出せたら、そのスキルを身につけるために必要な訓練や勉強をし、経験を積んでみてください。

第3に、フリーランサーや自営業者として働くための基礎知識を身につけることです。

そして第4に、英語を身につけることです。

ノマドになりたいと言っている学生さんの専攻の多くが、リベラルアーツ（一般教養課程）や、社会科学や、キャリアデザイン（何を勉強しているのか、意味が分かりませんね）とか、「国際なんとか」とか、「文化なんとか」という名称なのですが、それではノマドになる技能は身につきません。

本当に自立して働きたいのなら、専攻を変えるか何かして、理系や医療系などの「食える」技術を身につけないといけません。

厳しい「親方」に揉まれる

ノマドとしての技能は、ヒマな時間に身につけた程度のものでは通用しません。業界で何十年と経験のあるプロのお客様をうならせる品質でなければならないのです。

ノマドになって食べていくには、自分が提供できる「成果物の質」が第一です。成果物とは、仕事の目標を満たす製品またはサービスのことです。重要なのは学歴ではなく、成果物の品質なのです。

東大を出ていても、プロジェクトを仕切れないプロジェクトマネージャー、論文が学会誌に載らない学者、原稿が面白くないライターは要りません。成果物一発勝負で、その質が悪ければ、学歴も、人格も、容姿も、何もかもが否定されるのですから、厳しい世界です。これまで肩書きや学歴、容姿で売ってきた人に、そういう厳しい世界が耐えられるでしょうか。

そして、お金を頂ける成果物を出せるようになるにはどうしたらいいか――。それは、厳しい「親方」に揉《も》まれるほかありません。

親方に揉まれる間は、安い賃金でもガマンしなければなりません。見習いの仕事には付加価値などなく、お金を頂く価値がないからです。それに文句を言う人にも、ノマドは無理です。

では、ノマドになりたい人が師事すべき厳しい親方とは、どんな人でしょうか。それは、愛情をもって「君のこの成果物はここがひどい、この作業は付加価値がない」とはっきり言ってくれる人です。

これは学校やセミナーの先生には期待できません。なぜなら、生徒はしょせんお客様なので、厳しいことを言われずにきてしまうからです（あまりに厳しいと、お客さんである学生が逃げてしまうため）。

結局は、仕事は実務からしか学べないということです。ですから、ビジネスセミナーやらノマドセミナー、自己啓発セミナーや大学院に通っても無駄だということは知っておきましょう。

「戦略」ではなく「戦術」を学べ

大学でも本でもよいですから、体系的な形で、ノマドに必要な知識を学ぶことも大事です。つまり、戦い方＝「戦術」です。

具体的には、会計やマーケティング、戦略の立て方、事業に関係する法律など、本来自営業者が知っておかなければならない基礎知識のことです。

家人はロンドンの大学で学部生や大学院生を相手に、経営学の基礎や起業の基礎を教えています。会計のごくごく基本、戦略の考え方、事業に関する調査のやり方、事業計画書の書き方、法律や人事、マーケティングの基礎など、その内容は多岐にわたります。理論ではなく、実際にどうやってやるか、ということを教えます。

学生の多くは、イギリスや新興国で実際に自営業をやっている人、企業経営者、これから起業する人、家業を継ぐ人、母国に帰り産業振興政策に関わる人たちなどです。実践的な内容を教えることは、国の方針でもありますので、イギリス政府もこのような実学的な教育をバックアップしています。国を挙げて、ノマド的な働き方をする人、仕事を作り出すことができる人を応援しているのです。日本でも、本当は行政がこういった支援をしていかなければならないと考えています。

日本でノマド的な働き方について、現実を踏まえた上で分かりやすく説明する人が少ないのは、実際に自営業や個人事業主をやっている人にとっては当たり前過ぎて、まさか知らない人がいるとは思わないからかもしれません。

本来であれば、ノマド的な働き方と会社員との違い、双方の長所と短所は、大学や高校の進路指導や就職担当者が説明できなければなりませんが、そういう先生や教職員は、会社員も自営業もやったことがないために知らないのです。

そして、いわゆる「ノマドセミナー」は、個人事業者になりたい人向けであるにもかかわらず、会計やマーケティング、戦略の立て方、事業に関係する法律など、本来自営業者が知っておかなければならない基礎知識を教えずに、どのパソコンがいいとか、営業の初歩のような内容しか教えないお粗末なものです。

「世界に一つしかないフィギュア屋」になれ！

現在、日本を取り巻く環境はすさまじい速度で変わりつつあります。

情報通信技術の発展により、グローバル化は予想以上の速さで進み、世界の中心は、アメリカや欧州から、中国やブラジル、インドなどの新興国へ移ろうとしています。

産業構造も変化しています。付加価値を提供できる、あるいは創造性を発揮できる人や組織がイノベーター（革新者）として産業を引っ張るようになっているのです。

そういう世界では、「人と同じ」ではなく「人と違う」ことが重要になります。製造業や大量生産に最大の価値があった時代は、終わりを告げているのです。個性や創造性、柔軟でフラットな組織、国境を越えたつながり、インターネットによる緩い、多様性のあるつながりの中で仕事をしていく世界が到来しているのです。

このような世界では「人と違うこと」がより大きな意味を持つようになります。なぜなら、今まで接触できなかった人々や企業が、世界的な規模で接触できるようになるからです。つまり「提供されるもの」がドカンと増えるわけです。

しかし、提供されるものが増え、入手が簡単になると何が起こるかというと、「この店にしかない」「これしかない」というものに人気が集まるようになります。これは、**フィギュア**の世界で例えると分かりやすいと思います。

例えば、ある地方都市でフィギュアの店を開きます。その町にはその店しかフィギュア屋がなかったので、そこそこ繁盛していました。その町は、都会の店に行くには

フィギュア
人間や動物などをモデルに本物らしく作られた観賞用の人形のこと。

電車で3時間もかかる場所にあり、フィギュア屋はその町にはその店しかなかったからです。

ところが、インターネットがつながったために、町の人たちはネットで都会の店や海外の店からもフィギュアを買うことができるようになります。お客さんたちは、もっと珍しいフィギュアを買うことができる店で買い物をするようになってしまいました。その店で買えるものは、他の店とそれほど変わらず、値段はむしろ高かったからです。

そこで、店主はたまたま友達だった**造形師**を招聘《しょうへい》して、そこの店でしか売っていないフィギュアを製造販売するようになりました。そのフィギュアは非常に特殊な造形で、その店にしかないため、ネット経由で世界各地から注文が入るようになり、その店は以前よりも繁盛するようになりました。

つまり、フラットで通信コストが下がった世界で生き残るノマドになりたければ、この地方のフィギュア屋のように「自分にしか提供できない」サービスなり商品を売れるようにならなければならないのです。ほかと同じ、ほかと似ているのでは、もっ

造形師
フィギュアの商品を大量生産するために必要な「原型」を作る人。「原型師」ともいう。

と値段が安い人のサービスなり商品に、あっという間に乗り換えられてしまいます。「皆と同じ」「個性がないこと」がむしろ弱みになってしまうわけです。

会社員になる場合でも、常にプロ意識を持て

ノマドになるためには「自分にしかできない」ことを常に意識して、知識やノウハウを磨くことが大事です。

これは誰かに雇われる場合でも同じです。「自分にしかできないこと」が提供できれば、雇用主に喜ばれますし、クビになることもありません。さらに、それを下地にノマドになることも可能なのです。

「自分にしかできない」ことを売りにするには、「自分がやった仕事」に対して責任を持つことも大事です。仕事をどのように計画し、どのように実行し、どんな結果が出たか、それらすべてに対して自分で責任を持つ、ということです。

例えば**ゴルゴ13**は、暗殺の失敗を他のスナイパー（狙撃主）の責任にすることはでき

ゴルゴ13
さいとうたかを作の劇画『ゴルゴ13』に登場する超Ａ級スナイパー（狙撃手）の主人公。

ません。失敗したら終わり。それが暗殺のプロということです。

研究者は研究データの間違いを指摘されたら、責任を持って修正します。作家は盗用を疑われたら、誠意を持って盗用していないことを証明します。漫画家は作品が面白くないと言われたら、次回作で頑張ります。このように、自分で責任を持つ、というのはプロとして当たり前の態度であります。

しかし、「雇われている」状態の人には、この「プロとしての基本的な心構え」が抜け落ちていることがあります。責任を持つということは大変厳しいことです。逃げ道がないのです。

ノマドを目指す人も、また、これからの時代には会社員になる場合でも、常に厳しい態度で仕事に臨まなければいけない、ということを意識しておくべきでしょう。

英語は「強み」になる

私がノマドになりたい人に英語を身につけることを勧める理由は、以下の3つです。

1. 自分を差別化する

英語ができれば、さまざまな情報が得られるようになりますから、自分を他のノマドと差別化することが可能です。情報の入り口は多ければ多いほど有利です。また、最新技術や業界の動向についても、日本語だけの情報とはまったく異なった切り口で分析してお客様に提供することができます。

2. 「サービスや商品」を世界中に売り込む

世界の実質的な共通語は英語ですから、英語ができれば自分の開発した商品や、自分のサービスを世界中に売ることが可能になり、収入源を増やすことができます。

今はネットでさまざまな販売チャンネルがありますから、工夫次第でいろいろな場所に売ることができるようになります。サービスを売るのであれば、フリーランサーのサイトに登録してもいいでしょうし、ソフトウェアや絵や動画なら、データ販売サイトで売ればいいのです。ソーシャルメディアや動画サイト、**検索連動型広告**を使用

検索連動型広告
ユーザーが検索したキーワードに関連した広告を検索結果画面に表示する広告。

することによって、世界中に自分の商品やサービスを宣伝できるようになり、これまで日本国内にしかなかった市場が一気に広がるわけです。

さらに、英語ができれば、日本以外のお客さんの欲しいものも分かりますし、外国で人気があるものを調べることもできて、日本からいろいろなものを輸出することができます。英語ができると、商売の選択肢と機会が増えるわけです。

ものすごく個性的な動画やソフトウェアを作れるニートや、病気や介護や育児で家から出られない人でも、英語ができればネット経由で外国にそういうものを売って生活することだって可能なのです。

3. 日本以外でも働ける

英語ができれば海外で働くことも可能です。英語ができれば地元の言葉は違う言語であっても、雇ってくれるところが結構あるものです。日本以外でも働けるようにしておけば、いざ日本の景気が悪くなったときでも、他の土地に移動するという選択肢が増えます。

英語勉強法①――ラジオの語学講座を活用する

ノマドに必要なのは、仕事に使う「実用英語」です。実用英語とは、試験のために勉強する英語ではなく、実際に使って稼ぐための英語です。

日本にいても、お金をあまりかけずに実用英語を習得する方法はたくさんあります。私のブログでも紹介していますが、まず私が最初にお勧めするのは、ＮＨＫのラジオ語学講座を活用することです。💻

この講座は、教科書代（税込３８０円）が安い上、ラジオを聞く電気代と、広告チラシの裏とペンとメモ帳さえあれば、始められます。通学しなくてもよく、自分の都合に合わせて勉強できるのも魅力です。企画構成も講義もＮＨＫの審査を通った一流の先生方によるので、しっかりとした内容です。

放送がある日は毎回放送を聞き、それを録音しておきます。ライブで放送を聞くことができない場合はタイマー予約で録音したり、後からストリーミングで聞いてもいいでしょう。

💻NHK 語学番組 " 英語の番組 "
http://www.nhk.or.jp/gogaku/english/index.html

教科書は事前に読んでおいて、放送を聞きながら注意点などをメモしておきます。そして単語や英文をすべて暗記し、放送終了後（できれば放送当日）に例文の音声を聞きながら「書き取り」をします。教科書と照らし合わせて答え合わせをし、すべて暗記してしまうのです。

放送は大体15分なので、書き取りの時間を加えても約30分です。週5回30分を繰り返すと、1週間で150分。1カ月で600分＝10時間程度。

これを数カ月繰り返すと、気がつくとかなりの実力が身についています。ビジネス系の講座を選べば、実際に仕事で使うフレーズや単語を覚えることができます。

英語勉強法②——ネットの無償コンテンツを利用する

次に、インターネットを使って、無料で公開されている英文をたくさん読んで、英語を読む力をつけます。

ビジネス系でお勧めなのは『The Times』『The Economist』『The New York Times』『The Washington Post』などの新聞のサイトです。毎日読めば英語力がつく上、海外

OpenCourseWare（OCW）
オープンコースウェア。大学や大学院などで正規に提供された講義とその関連情報を、インターネットを通じて無償で公開する活動。

情報にも詳しくなります。自分の専門分野の業界紙や雑誌を読むのもお勧めです。

そのほかウェブ上で公開されている無償のコンテンツを活用する方法もあります。世界中のさまざまな大学の講義が無料で公開されているOpenCourseWare（OCW）はそのひとつです。公開されている資料や講義は数年前のものが多いのですが、留学したいけれど時間がない、自宅で英語力を磨きたい、留学する前に海外の大学の授業を疑似体験したい、という人には最適な教材です。アップル社のiPhone/iPodやiPadを使用している方はiTunes Uで各大学の講義を聴講するのもいいでしょう。

さて、このように公開されている教材や講義は、どのように活用すれば英語力のアップや留学の疑似体験ができるでしょうか。

例えばマサチューセッツ工科大学（MIT）のOpenCourseWare（OCW）のサイト💻で公開されているビジネス系の授業のReadings（文献リスト）を見て、指定された参考文献をそろえます。洋書の場合はアマゾンで注文すればほとんどのものは手に入ります。学術専門誌の場合は、各専門誌のサイトに行き、記事ごと購入したりすれば入手することが可能です。

💻 MIT OpenCourseWare
http://ocw.mit.edu/index.htm#

次に、Syllabus（講義要項）を確認し、前述したReading（文献リスト）と併用しながら、実際の授業のスピードに沿って、文献を読んでいきます。文献を読みながらAssignment（課題）にも取り組んでみましょう。授業には出ていないので、添削してもらうことはできませんが、問題を解くだけでも理解を深めることができます。無料で公開されている授業でも、経営や技術のコースはたくさんありますので、活用してみるといいでしょう。

英語のアウトプットに関しては、とにかく実践するほかありません。話すことに関しては、インターネットの掲示板やチャットで、日本に関心のある英語圏の人や非英語圏の人を探してきて、ひたすらしゃべればよいのです。同じ趣味の人でもかまいません。

書くことに関しても、ひたすら数をこなすしかありません。良いサンプルを見て書き写したり、書いたものを、プロのネイティブ（大学教授や文筆業に携わっている人、現役のビジネスマンなど）に添削してもらうのが近道です。

「バブル世代」と「若い世代」の大きな溝

１９８０年代から１９９０年代初頭にかけてのバブル景気のころ、その余韻があり、日本の景気が今よりも良かった時代に20～30代だった人は、現在40～50代です。景気の良かったころは、特に努力をしなくても仕事を得ることは可能でした。仕事は「会社に入って教えてもらうもの」で、年功序列で地位は上がっていき、大手の企業に入れば先は保証されていたので、転職やキャリアアップなんて特に考える必要はありませんでした。

その当時は、アルバイト代や会社のお給料が良かったのでブランド品を買い、海外旅行に行き、飲みにいけばタクシーを捕まえるのが大変な時代でした。就職活動をすれば会社側に接待されるほどでしたので、何社も回る必要はありませんでした。会社のお金で豪華な接待を経験した人も少なくなかったでしょう。日本の景気がすっかり悪くなった今でも、そのころの感覚が抜けない人もいるようです。

一方、今の10～30代は、１９８０年代から１９９０年代初頭にはまだ生まれていなかったり、中高生や大学生です。大人になるころには日本の景気はすでに悪かったので、景気が良かったころの日本というのを知りません。

職場や町には不安定な雇用の派遣社員や契約社員が大勢いて、新聞やテレビはどこが倒産した、どこはリストラだ、過労死、うつ病、自殺、という暗くなるようなニュースばかりです。同級生の中には、良い大学を出ていても、正社員の仕事にありつけない人、たくさんの企業に応募したのに採用されない人などがあふれています。

仕方なく、専攻とまったく関係のないサービス業や飲食業など、大卒資格など必要がない仕事をする人もいます。親はリストラされたり減給されたりで、家の中にもお金がありません。留学なんて夢の夢です。お金はないので、外食は吉野家やマクドナルド、服はユニクロやしまむら、たまの楽しみはコンビニで限定品のお菓子を買うこと、娯楽はお金のかからないネットです。

このように、1980年代から1990年代初頭に若者だった人たちと、今の10〜30代では、体験していることがまったく違いますから、まるで違う国出身の人たちのように、両者の間には大きな溝があります。

若い世代が社会の中心になれば、日本も変わる

ネットの掲示板やツイッターでの反応を見る限り、ノマドや「働くとは何か」ということを真剣に考えているのは、今の10～30代が圧倒的に多い気がします。若い時に経験したことが、就職難、不景気、親のリストラなどであれば、仕事のこと、先行きのことを真剣に考えるようになるのは当たり前でしょう。

そして東日本大震災で、政府や大きな組織というのは、実はあまり信用できないのだ、信用できるのは自分の腕や家族だ、ということを実感した人が少なくないのかもしれません。あの震災体験で、「働くなら自分の腕で稼ぎたい」「組織から自由になって何とかしたい」と考える人が増えたのかもしれません。それがノマドブームを支えている気がします。

他方で、１９８０年代から１９９０年代初頭に若者だった人たちには、すでにある程度確立したキャリアがありますし、ある程度お金も持っています。リストラされる危険もありますが、すでに持っている知識や技能、人脈などがありますから、それほ

ど深刻になる必要はないのかもしれません。そのため、彼らが「働くなら自分の腕で稼ぎたい」と真剣に考えている若い人たちのことを理解するのは難しいのかもしれません。

「働くなら自分の腕で稼ぎたい」と考えている今の10～30代が世の中で活躍し始めるようになると、日本の働き方は大きく変わっていく可能性があります。ネットで10～20代の人と接触していて強烈に感じるのは、

「会社の犠牲になるのはイヤだ」

「家族を大事にしたい」

「地位や名誉ではなく、世の中に貢献したい」

「過労死はおかしい」

「大事なのはお金じゃなく、豊かさ」

というメッセージです。

中高生や大学生、若い会社員の人たちがこういうことを真剣に考え、「どうやったら良いのか」ということを真剣に考えています。引きこもってゲームをしたりアニメ

ばかり見ているのが今の若者ではないのです。素晴らしいなと思うのは、こういうことを評論しているのではなく、「自分のこと」として考えている人が少なくないことです。

あと10～15年して、この人たちが物事を決める立場になると、日本ではさまざまなことがガラッと変わるかもしれません。彼らが社会の中心になっていくと、日本の働き方も大きく変わっていくことでしょう。

日本の昭和世代が活躍してきた時代は、「人と同じこと」や「質より量」「競争すること」が重要な時代でした。しかし、今日本は大きなパラダイム変化の時代に突入しています。

ノマド的な働き方は、昭和世代的な価値観で働く人たちにとっては「脅威」ですが、これからの新しい世代にとっては、生活を豊かにする新たな世界を開いてくれるような気がします。

おわりに

本書は、これから社会に出て働く学生さん、若い会社員の皆さん、ノマドになってみたいという方に向けて執筆しました。

今後日本では、グローバル化の波と経済環境の変化にのまれて雇用環境が激変していくことが予想され、日本も大きな変化を遂げたイギリスのように、ノマド的な働き方をする人が増える社会に急速に変化していくはずです。つまり、働く人はよりプロになることを求められ、日本国内だけではなく、海外のプロと競争していかなければならない、という厳しい時代が到来するということです。そのような時代の到来にあたり、一足先に社会が変化したイギリスの現状や、実際にノマドとして働いている方々のケーススタディを役立てていただければ幸いです。

本書の企画、構成、編集は、朝日出版社編集担当の谷岡様、営業の橋本様、また同社の山本様、綾女様に大変お世話になりました。他の書籍との並行作業で作業がなかなか進まないこともありましたが、忍耐強くおつきあいいただいた谷岡様には特に感謝しております。

２０１３年２月　ロンドンにて

谷本真由美

引用元・参考サイトについて

本書では、引用元および参考となるサイトのURLをページ下部に掲載しています。

リンク集の入手方法

本書のご購入者は、下記URLから申請していただければ、本書で紹介しているサイトのURLをまとめたリンク集をメールで自動配信いたします。パソコンなどでサイトを参照することで、本書の内容への理解がより深まります。

申請サイトURL

http://www.asahipress.com/nomadlink/

【注意】

本書初版第 1 刷の刊行日（2013 年 3 月 15 日）より 1 年を経過した後は、告知なしに上記申請サイトを削除したりリンク集の配布をとりやめたりする場合があります。あらかじめご了承ください。

谷本真由美 たにもと・まゆみ

1975年、神奈川県生まれ。シラキュース大学 Maxwell School of Citizenship and Public Affairs（国際関係論）修士課程、シラキュース大学 School of Information Studies（情報管理学）修士課程修了。IT ベンチャー、経営コンサルティングファーム、国連専門機関の情報通信官などを経て、現在はロンドンの金融機関で情報システムの品質管理と IT ガバナンスを担当中。その傍ら、ロンドン大学教授である夫とともに日本人の英語指導にもたずさわっている。ツイッター上ではその個性的なツイートが話題を呼び、「メイロマ」の名前で多くのフォロワーに愛されている。インターネットのニュースサイトや電子メディアプラットフォームなどに多数寄稿している。趣味はハードロック/ヘビーメタル鑑賞、漫画、料理。

ツイッター ID　@May_Roma
公式ブログ　http://eigotoranoana.blog57.fc2.com/archives.html

ノマドと社畜 ～ポスト3・11の働き方を真剣に考える

2013年3月15日　初版第1刷発行
2013年3月25日　　第2刷発行

著者　谷本真由美（@May_Roma）
ブックデザイン　石島章輝（イシジマデザイン制作室）
発行者　原 雅久
発行所　株式会社 朝日出版社
〒101-0065　東京都千代田区西神田3-3-5
Tel:03-3263-3321　fax:03-5226-9599
http://www.asahipress.com
印刷・製本　株式会社図書印刷

ISBN978-4-255-00705-2